中國文化二十四品

中国文化二十四品

文库

饶宗颐 叶嘉莹 顾问

陈洪 徐兴无 主编

抱樸歸真

道教的修炼

赵益　王楚　著

江苏人民出版社

图书在版编目（ＣＩＰ）数据

抱朴归真：道教的修炼 / 赵益，王楚著. -- 南京：
江苏人民出版社，2017.1
（中国文化二十四品）
ISBN 978-7-214-17261-7

Ⅰ．①抱… Ⅱ．①赵… ②王… Ⅲ．①道教－研究－
中国 Ⅳ．①B958

中国版本图书馆CIP数据核字(2016)第021649号

书　　　　名	抱朴归真——道教的修炼
著　　　　者	赵　益　王　楚
责 任 编 辑	卞清波
特 约 编 辑	陆　扬
责 任 校 对	史雪莲
装 帧 设 计	刘莘莘　张大鲁
出 版 发 行	凤凰出版传媒股份有限公司
	江苏人民出版社
出版社地址	南京市湖南路 1 号 A 楼，邮编：210009
出版社网址	http://www.jspph.com
经　　　销	凤凰出版传媒股份有限公司
照　　　排	南京凯建图文制作有限公司
印　　　刷	江苏凤凰通达印刷有限公司
开　　　本	652 毫米×960 毫米　1/16
印　　　张	16　插页 3
字　　　数	179 千字
版　　　次	2017 年 1 月第 1 版　2017 年 3 月第 2 次印刷
标 准 书 号	ISBN 978 - 7 - 214 - 17261 - 7
定　　　价	38.00 元

（江苏人民出版社图书凡印装错误可向承印厂调换）

编委会名单

顾 问

饶宗颐

叶嘉莹

主 编

陈 洪（南开大学教授）

徐兴无（南京大学教授）

编 委

王子今（中国人民大学教授） 司冰琳（首都师范大学副教授）

白长虹（南开大学教授） 孙中堂（天津中医药大学教授）

闫广芬（天津大学教授） 张伯伟（南京大学教授）

张峰屹（南开大学教授） 李建珊（南开大学教授）

李翔海（北京大学教授） 杨英杰（辽宁师范大学教授）

陈引驰（复旦大学教授） 陈 致（香港浸会大学教授）

陈 洪（南开大学教授） 周德丰（南开大学教授）

杭 间（中国美术学院教授） 侯 杰（南开大学教授）

俞士玲（南京大学教授） 赵 益（南京大学教授）

徐兴无（南京大学教授） 莫砺锋（南京大学教授）

陶慕宁（南开大学教授） 高永久（兰州大学教授）

黄德宽（安徽大学教授） 程章灿（南京大学教授）

解玉峰（南京大学教授）

总 序

陈　洪　徐兴无

我们生活在文化之中，"文化"两个字是挂在嘴边上的词语，可是真要让我们说清楚文化是什么，可能就会含糊其词、吞吞吐吐了。这不怪我们，据说学术界也有 160 多种关于文化的定义。定义多，不意味着人们的思想混乱，而是文化的内涵太丰富，一言难尽。1871 年，英国文化人类学家爱德华·泰勒的《原始文化》中给出了一个定义："文化，或文明，就其广泛的民族学意义上来说，是包含全部的知识、信仰、艺术、道德、法律、风俗，以及作为社会成员的人所掌握和接受的任何其他的才能和习惯的复合体。"[①] 其实，所谓"文化"，是相对于所谓"自然"而言的，在中国古代的观念里，自然属于"天"，文化属于"人"，只要是人类的活动及其成果，都可以归结为文化。孔子说："饮食男女，人之大欲存焉。"[②] 在这种自然欲望的驱动下，人类的活动与创造不外乎两类：生产与生殖；目标只有两个：生存与发展。但是人的生殖与生产不再是自然意义上的物种延续与食物摄取，人类生产出物质财富与精神财富，不再靠天吃饭，人不仅传递、交换基因和大自然赋予的本能，还传承、交流文化知识、智慧、情感与信仰，于是人种的繁殖与延续也成了文化的延续。

所以，文化根源于人类的创造能力，文化使人类摆脱了

---

① [英]爱德华·泰勒：《原始文化》，连树声译，谢继胜、尹虎彬、姜德顺校，广西师范大学出版社，2005 年，第 1 页。

② 《礼记·礼运》。

自然,创造出一个属于自己的世界,让自己如鱼得水一样地生活于其中,每一个生长在人群中的人都是有文化的人,并且凭借我们的文化与自然界进行交换,利用自然、改变自然。

由于文化存在于永不停息的人类活动之中,所以人类的文化是丰富多彩、不断变化的。不同的文化有不同的方向、不同的特质、不同的形式。因为有这些差异,有的文化衰落了甚至消失了,有的文化自我更新了,人们甚至认为:"文化"这个术语与其说是名词,不如说是动词。① 本世纪初联合国发布的《世界文化报告》中说,随着全球化的进程和信息技术的革命,"文化再也不是以前人们所认为的是个静止不变的、封闭的、固定的集装箱。文化实际上变成了通过媒体和国际因特网在全球进行交流的跨越分界的创造。我们现在必须把文化看作一个过程,而不是一个已经完成的产品"②。

知道文化是什么之后,还要了解一下文化观,也就是人们对文化的认识与态度。文化观首先要回答下面的问题:我们的文化是从哪里来的? 不同的民族、宗教、文化共同体中的人们的看法异彩纷呈,但自古以来,人类有一个共同的信仰,那就是:文化不是我们这些平凡的人创造的。

有的认为是神赐予的,比如古希腊神话中,神的后裔普罗米修斯不仅造了人,而且教会人类认识天文地理、制造舟车、掌握文字,还给人类盗来了文明的火种。代表希伯来文化的《旧约》中,上帝用了一个星期创造世界,在第六天按照自己的样子创造了人类,并教会人们获得食物的方法,赋予人类管理世界的文化使命。

---

① 参见[荷兰]C. A. 冯·皮尔森:《文化战略》,刘利圭等译,中国社会科学出版社,1992年,第2页。

② 联合国教科文组织编:《世界文化报告——文化的多样性、冲突与多元共存》,关世杰等译,北京大学出版社,2002年,第9页。

有的认为是圣人创造的,这方面,中国古代文化堪称代表:火是燧人氏发现的,八卦是伏羲画的,舟车是黄帝造的,文字是仓颉造的……不过圣人创造文化不是凭空想出来的,而是受到天地万物和自我身体的启示,中国古老的《易经》里说古代圣人造物的方法是:"仰则观象于天,俯则观法于地,观鸟兽之文与地之宜,近取诸身,远取诸物。"《易经》最早给出了中国的"文化"和"文明"的定义:"刚柔交错,天文也。文明以止,人文也。观乎天文,以察时变;观乎人文,以化成天下。"文指文采、纹理,引申为文饰与秩序。因为有刚、柔两种力量的交会作用,宇宙摆脱了混沌无序,于是有了天文。天文焕发出的光明被人类效法取用,于是摆脱了野蛮,有了人文。圣人通过观察天文,预知自然的变化;通过观察人文,教化人类社会。《易经》还告诉我们:"一阴一阳之谓道,继之者善也,成之者性也。仁者见之谓之仁,知者见之谓之知。"宇宙自然中存在、运行着"道",其中包含着阴阳两种动力,它们就像男人和女人生育子女一样不断化生着万事万物,赋予事物种种本性,只有圣人、君子们才能受到"道"的启发,从中见仁见智,这种觉悟和意识相当于我们现代文化学理论中所谓的"文化自觉"。

为什么圣人能够这样呢?因为我们这些平凡的百姓不具备"文化自觉"的意识,身在道中却不知道。所以《易经》感慨道:"百姓日用而不知,故君子之道鲜矣。"什么是"君子之道鲜"?"鲜"就是少,指的是文化不昌明,因此必须等待圣人来启蒙教化百姓。中国文化中的文化使命是由圣贤来承担的,所以孟子说,上天生育人民,让其中的"先知觉后知""先觉觉后觉"[①]。

---

① 《孟子·万章》。

无论文化是神灵赐予的还是圣人创造的，都是崇高神圣的，因此每个文化共同体的人们都会认同、赞美自己的文化，以自己的文化价值观看待自然、社会和自我，调节个人心灵与环境的关系，养成和谐的行为方式。

　　中国现在正处在一个喜欢谈论文化的时代。平民百姓关注茶文化、酒文化、美食文化、养生文化，说明我们希望为平凡的日常生活寻找一些价值与意义。社会、国家关注政治文化、道德文化、风俗文化、传统文化、文化传承与创新，提倡发扬优秀的传统文化，说明我们希望为国家和民族寻求精神力量与发展方向。神和圣人统治、教化天下的时代已经成为历史，只有我们这些平凡的百姓都有了"文化自觉"，认识到我们每个人都是文化的继承者和创造者，整个社会和国家才能拥有"文化自信"。

　　不过，我们越是在摆脱"百姓日用而不知"的"文化蒙昧"时代，就越是要反思我们的"文化自觉"，因为"文化自觉"是很难达到的境界。喜欢谈论文化，懂点文化，或者有了"文化意识"就能有"文化自觉"吗？答案是否定的。比如我们常常表现出"文化自大"或者"文化自卑"两种文化意识，为什么会这样呢？因为我们不可能生活在单一不变的文化之中，从古到今，中国文化不断地与其他文化邂逅、对话、冲突、融合；我们生活在其中的中国文化不仅不再是古代的文化，而且不停地在变革着。此时我们或者会受到自身文化的局限，或者会受到其他文化的左右，产生错误的文化意识。子在川上曰："逝者如斯夫。"流水如此，文化也如此。对于中国文化的主流和脉络，我们不仅要有"春江水暖鸭先知"一般的亲切体会和细微察觉，还要像孔子那样站在岸上观察，用人类历史长河的时间坐标和全球多元文化的空间坐标定位中国文化，才能获得超越的眼光和客观真实的知识，增强与其他文化交流、借鉴、融合的能力，增强变革、创新自己的文化的能力，这也叫做"文化自主"的能力。中国当代社会人类学家费孝通先生说：

> "文化自觉"是当今时代的要求，它指的是生活在一定文化中的人对其文化有自知之明，并对其发展历程和未来有充分的认识。也许可以说，文化自觉就是在全球范围内提倡"和而不同"的文化观的一种具体体现。希望中国文化在对全球化潮流的回应中能够继往开来，大有作为。[1]

因为要具备"文化自觉"的意识、树立"文化自信"的心态、增强"文化自主"的能力，所以，我们这些平凡的百姓需要不断地了解自己的文化，进而了解他人的文化。

中国文化是我们自己的文化，它博大精深，但也不是不得其门而入。为此，我们这些学人们集合到一起，共同编写了这套有关中国文化的通识丛书，向读者介绍中国文化的发展历程、特征、物质成就、制度文明和精神文明等主要知识，在介绍的同时，帮助读者选读一些有关中国文化的经典资料。在这里我们特别感谢饶宗颐和叶嘉莹两位大师前辈的指导与支持，他们还担任了本丛书的顾问。

中国文化崇尚"天人合一"，中国人写书也有"究天人之际，通古今之变"的理想，甚至将书中的内容按照宇宙的秩序罗列，比如中国古代的《周礼》设计国家制度，按照时空秩序分为"天地春夏秋冬"六大官僚系统；吕不韦编写《吕氏春

---

① 费孝通：《经济全球化和中国"三级两跳"中的文化思考》，《光明日报》2000年11月7日。

秋》，按照一年十二月为序，编为《十二纪》；唐代司空图写作《诗品》品评中国的诗歌风格，又称《二十四诗品》，因为一年有二十四个节气。我们这套丛书，虽不能穷尽中国文化的内容，但希望能体现中国文化的趣味，于是借用了"二十四品"的雅号，奉献一组中国文化的小品，相信读者一定能够以小知大，由浅入深，如古人所说："尝一脔肉，而知一镬之味，一鼎之调。"

2015 年 7 月

目　录

什么是道教

鲁迅曾说过："人往往憎和尚，憎尼姑，憎回教徒，憎耶教徒，而不憎道士。懂得此理者，懂得中国大半。""中国根柢全在道教……以此读史，有许多问题可以迎刃而解。"在当代中国社会中，我们或许常常遇见黄袍僧侣，却已很难碰到青衣道士；即使对道教有所接触，也不外乎只是一些关于长生成仙、炼丹修真、符箓咒禁的直观印象，大抵已说不清道教的切实内涵，更遑论理解鲁迅这一至理名言了。这个情况并不意外，一方面，中国现代化百余年来社会变化剧烈，深层内质常常被外在幻象眩化遮蔽；另一方面，人情贵远贱近、厚古薄今，身边日用之事往往习而不察。"不识庐山真面目，只缘身在此山中"。

实际上,在中外道教研究者那里,"什么是道教"也是一个难以回答的问题。关于"道教"的性质、内涵及其与中国文化的深刻关联,不仅异见纷纭,而且存在着不少严重的曲解。所以对上述鲁迅的断语,赞赏者有之,批评者有之,但能够深切体会并读懂其意义者,则极为罕见。这也不奇怪,因为道教确实是一个非常复杂同时又含混不清的现象。"什么是道教"几乎成为每一个道教研究者都必须面对却又无可奈何的难题。所以,每一个欲对道教及其在中国文化中所扮演角色作深入了解的人,都必须首先从这个问题开始。

　　要讲清楚什么是道教,就必须从什么是宗教,以及中国社会的宗教状况讲起。

宗教及宗教的意义

　　"宗教"是近代日本学者对 Religion 的翻译，使用了中国佛教一个旧有的合成词汇。"宗教"作为一个并列合成词，来自于唐代部派宗教之说"佛所说者为教，佛弟子所说者为宗"。平心而论，无论是不是考虑到了部派宗教的原始含义，日本学人用此"旧瓶"改装"新酒"，特别是使用了"教"这个字，以意驭形，兼顾中西，在翻译上是很巧妙的。

　　宗教　宗教是人类文明的表征之一。从古至今乃至未来，宗教一直存在。但我们却很难给宗教下一个明确且详尽的定义，这是因为宗教太过复杂深奥，根本无法进行全面综合的归纳；如果从不同的角度去审视，因视角的不同，得出的结论又往往千差万别。不过，这并不意味着我们对宗教不能作深入的认识。宗教考察中定义的艰难、视角的多样化和理论的岐异,恰恰说明了我们对宗教复杂内涵的体察深度。

从总体上说,宗教是一种对超自然力量以及带有这一超自然力量的人格化的"神"的信仰;这种信仰表现为狂热的膜拜和挚诚的心灵契合,人们相信通过献祭能够换取神灵的回报,解决自身的苦难。

我们现在都知道,无论古代、当代还是未来人类,都存在着人力所不能左右的现实困境和难以解答的终极疑问。原始先民也早就发现:无论什么样的技术手段,也无论它们有效还是无效,都对人的道德良知不起任何作用。① 同时事实也将证明,即使这些手段是有效的,也不可能解决他们所面临的种种迫切问题。于是,神就诞生了,因为只有一种超自然的力量能够使人类产生战胜挑战、解决问题的希望。当人们的这种希望不断增强时,宗教便应运而生。

原始宗教 最初的宗教我们常常称之为"原始宗教"或"原始巫术—宗教",其形态极为复杂,并不简单是从巫术、泛灵观(或译"万物有灵观念")到多神教再到一神教的单线进化,而自始至终都是一种大集合。人类学家所总结的众多现象如泛灵观念、泛生观念、自然崇拜、某些巫术行为如占卜、咒术、巫法、精神冥想、召魂降灵、神秘主义、巫医、偶像崇拜、巫技、萨满教、巫毒或伏都教、图腾崇拜,包括在中国文明中较为彰显的祖宗崇拜、灵肉不死等等,均可包括在原始宗教的范畴之内。

原始宗教肇自先民对自然及人类本身的反思,强化于应付环境灾难和群体生活困境时的无力与无助,所以它既促进了知识的积累,也推动了社会组织的发展和道德伦理的建

---

① [美]威廉·A·哈维兰:《文化人类学》(第十版),上海社会科学院出版社,2006年,第392页。

设,是文明发生的重要标志之一。原始宗教的显著特性是
"原生性",所以它又可以称为"原生性宗教"。原生性宗教不
是创生的而是自发产生的,它是"相隔或许达数千年的各种
时代的思想的堆积"①,其历史中没有明确的创教人、形成时
代和清晰的累积过程。

只要稍加留意,我们当代的人也不难发现,上述那些原
始宗教元素在道教或其他民间信仰中还有着鲜活的表现。
这其实是再正常不过的事了,因为原生性宗教从史前时代一
直延续到近现代,它不是死亡的而是鲜活的,始终在社会生
活各方面发挥着作用。② 文明时代的"原生性宗教",其中主
要的形态就是民间信仰,这在古代中国最为典型。理解这一
点,是认识道教的重要基础。

创生宗教 当人类文明进一步发展,社会、经济发生显
著变化时,"创生性宗教"遂尔出现。创生性宗教是来源于既
有的原始宗教传统并又对其加以改革、创新的新兴宗教,它
们都是某一个人或某些特殊的群体——尽管很多情况下并
没有在历史上留下真实的姓名——按照自己的宗教信念主
动创建的,有确定的创教时间和形成过程。创生性宗教来源
于阶级社会的苦难生活,特别强调人们普遍关心的某些问
题,诸如人世苦难的根由与解决办法,善与恶的来源、性质和
结果,以及现世与彼岸世界的关系等。③ 创生性宗教最初都
表现为以末世观为基础的宗教救世运动,当越来越多的知识
分子参与到义理建设中时,其视野便逐渐扩大,开始由单纯
的救世运动发展成为对根本问题的思考以及对彻底解脱的

---

① ［英］罗伯逊:《基督教的起源》,宋桂煌译,生活・读书・新知三联书店,
1958年,第11页。

② 金泽:《宗教人类学导论》,宗教文化出版社,2001年,第104页。

③ 金泽:《宗教人类学导论》,同上,第104页。

追求。一旦这种思考上升到探求宇宙、社会、人生本质的高度并有所建设，就超越了语言、种族、地域、政治而具有世界性，从所谓的"民族宗教"发展成为"世界宗教"。人们所熟知的基督教、佛教、伊斯兰教，就是这样的三大世界性的创生宗教。从古到今，创生性宗教始终在不断产生之中，未来也永远也不会停止。道教就具有创生宗教的性质，只不过它是一个较长历史时段中原始宗教、各种创生宗教和本土世俗观念的包容体而已。对此，我们在下文中还要详细讨论。

因为宗教本质上是非理性的，是否定现实的，所以创生性宗教和文明发达的世俗社会，特别是和建立在实用理性上的文化之间存在着根本的对立。由此，创生性宗教自始至终都面临着两难：是坚持宗教的根本禀性，还是与世俗达成妥协。在历史发展的实际中，无数创生宗教缘于其彻底否定现实的宗教禀性，坚持救世运动的革命和追求解脱的极端方式，从而与世俗伦理保持对立，结果受到政治和社会的双重打压，最后转入地下而成为所谓的"秘密宗教"。相反，也有很多义理化的创生宗教通过不断的改革，较好地处理了与现实政治、世俗文化的关系，解决了自身的生存，并建立起较为完备的教团组织制度、礼仪规戒制度和宗教职业者队伍，[①]以保障自身的存在为前提实现其最终目标。但是，如果与世俗理性和社会现实完全妥协，就必然会逐渐异化为自身的对立面，从而丧失其作为宗教的存在基础，最终与世俗文化合二为一。中国古代社会中的各种宗教因素（包括原生宗教和创生宗教），往往如此。

时至今日，宗教又有了显著的变化。很多古老的宗教通过不断的义理化、制度化、体系化发展，成为当代文化的组成

---

① 金泽：《宗教人类学导论》，宗教文化出版社，2001年，第104页。

部分;同时,新的创生宗教此起彼伏,原生宗教信仰始终生机勃勃,它们共同组成了当代社会一般宗教生活丰富多彩的内容。

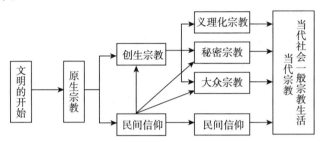

宗教的意义　宗教的意义,极其深广。就文明发展而论,宗教是人类高级阶段的产物。是人创造了神,而非神创造了人,宗教实际上是对人之为人的崇拜和信奉,它来源于人和动物的本质区别——意识。正如克雷维列夫在《宗教史》中所说:"只有人的想象已经发展到一定的程度,才能脱离经验的现实,形成一般的表象乃至概念,进而创造出虚幻的结构,实现从感性认识发展到概念思维的质的飞跃。"①义理化宗教的特质,主要彰显于精神、思想、观念、心态、情感与价值体系方面,同时也包括伦理、道德、法律和哲学等具体内容,是一个无所不包的观念体系。

宗教的目的是解决人生的根本问题,所以它不断地探索自然和社会的实在,从而发展出巨大的认知能力,成为一种通俗化与神圣化相结合的宇宙哲学和人生哲学。不过,因为现实痛苦和宇宙存在等根本问题不可能得到最终的解答,所以宗教所得出的常常是一种虚幻的、歪曲的解决模式,有时就不可避免地被打上阶级烙印,成为人民的精神鸦片。尽管

---

① ［苏］约·阿·克雷维列夫:《宗教史》(上册),王先睿等译,中国社会科学出版社,1984 年,第 12 页。

如此,"完美彼岸的存在"既是人的一种内在需求,也是人的"终极关怀";同时,宗教努力让人性向神性——即人类所创造出的最高理想化境界——看齐,反映了人类对解决自身问题的渴望和不懈追求,代表了人类的努力方向。

宗教与"文化"紧密相关。如果将"文化"视为具有共同本质的人类的不同生活样式,宗教可谓是文化的典型反映,深刻体现了人类文化的差异性实质:文化不同,宗教的表现也就各有差异。

中国古代社会的宗教状况

中国文明发端甚早，至少在红山文明时期就已经酝育出原始宗教观念。可以明确的是，商代文明已经告别"家为巫史"的状况而进入到"民神异业，敬而不渎"的成熟原始宗教阶段，"殷人尊神，率民以事鬼，先鬼而后礼"（《礼记》）。从卜辞中考察，商人的崇拜分散而具体，天神、地祇、人鬼，乃至最高神"帝"，无所不包。

总体来看，中国原始宗教虽然丰富多彩，各种型态都有表现，但以萨满教、自然崇拜和祖灵崇拜较为突出。特别需要指出的是"萨满教"（Shamanism），它是 17 世纪末西方旅行家艾维尔特·伊斯布兰特·伊代斯在远东通古斯地区发现并命名的一种信仰型态，后来经过文化人类学家的研究，被公认为是一种世界范围内都有遗存的原始宗教类型。① 萨满教的核心本质是由"萨满"作为人神的中介，借助宗教性的咒术仪礼与神灵进行交流，以人神之媒的身份歌之舞之，在沉醉中招请神灵降临，或使神灵附体，进而进行驱邪、治病、造雨、占卜和预言。中国原始时代的"巫觋"即接近于"萨满"，"巫，祝也。女能事无形，以舞降神者也"（《说文解字》），亦即"巫以降神""神降而托于巫"。如商代巫师的主要活动就是

---

① 参阅孙作云：《中国古代神话传说研究（下）》，《孙作云文集》第三卷，河南大学出版社，2003 年；乌丙安：《神秘的萨满世界》，上海三联书店出版社，1989 年；秋浦：《萨满教研究》，上海人民出版社，1985 年。

贯通天地，即上天见神或使神降地，属于较为典型的"萨满教"。从某种程度上说，此一类型是中国世界原始宗教的主要型态之一，只不过它在中原地区文明发展起来以后逐渐消褪，而在中国世界的边缘地区，如东北及西伯利亚地区得以保留。实际上，在荆楚、吴越地区，原始信仰一直呈现出萨满的风格，《九歌》所保留的材料就是证明。南方地区至少到六朝时期，萨满巫术尚有相当多的遗存，反映出南方始终一贯的原始宗教特色，与东汉以来北方中心地区一脉相传的以解除、避祸、趋吉为根本目的的祈禳禁咒式民间信仰有相当大的区别。也正是这个原因，造成了道教"形成"时期各种原始宗教来源的属性差异。

不过，中国文明成长的显著特色就是原始宗教很早开始消褪，主流文化地区如中原华夏文化区域最为明显。周人的宗教以自然崇拜和祖先崇拜为主，从"国家"层面上展开祭祀，发展出"天命"观念，并从遵从天命出发转而注重敬德保民，变"巫术—宗教"为礼乐。上述萨满巫风至少在西周早期已非主流，即为典型表现之一。孔子"敬鬼神而远之"、"不语怪力乱神"，则是精英思想实现由神本主义向人本主义转折的标志。

原始宗教逐渐消褪的根本原因，肇自于中原文明的实用理性精神的逐渐发展。这种精神的核心是关注"现实存在"超过"终极存在"，一切有利于现世实际的法则即是正确的，一切符合实用的就是"天命"规定的。实用理性在根本上是农业环境及其经济形态所导致的结果，并由春秋战国"轴心时代"文明不断深化、加固而形成传统。在实用理性影响下的中国古代社会，无论是精英大传统还是民俗小传统，宗教的色彩都极为淡薄。"天神—地祇—人鬼"的多神信仰和祖灵崇拜等虽然始终存在，但其派生产物——无论是儒家思想所主张的"神道设教"还是民俗社会所流行的各种各样的民间宗教信仰——均已由"神"归于"人",被人世的伦理道德所同化并逐渐合流。凡是有悖于世俗伦理的过于荒诞不经的"淫祀"、"迷信"内容,不仅为精英传统、世俗政治所抑制,也为一般社会观念所排斥。

原始宗教既有如此轨迹,创生宗教亦不脱此命运。中国古代阶级社会发达成熟以后,出于主导气候形成的灾害频仍、人地矛盾和农耕—游牧两大区域的对抗和交融等因素,民生极其艰难,阶级压迫深重,不满于现世而诉诸于神灵以求逃脱苦难、获得解脱的创生宗教始终是此起彼伏,外来的佛教也在很短的时间内就传遍了整个东亚世界。实际上,中国历史上几乎所有的大小暴动,从东汉"太平道"黄巾起事到清末"太平天国",无一不是在"末世观"影响下的宗教救世运动。但是,由于实用理性传统的强大力量和儒家思想构建人世伦理的不懈努力,绝大多数创生宗教不是渐趋消歇,就是与政治统治、世俗文化和社会一般价值观念达成妥协。佛教的中国化和道教对其他创生宗教的包容与改造,就是最能说明这个历史事实的例证。在这一态势下,坚守与世俗保持对立的宗教只能转入地下成为"秘密宗教",但同样无法摆脱逐渐被同化的命运。

当然,所有的宗教要想生存,都必须处理好与政治、世俗文化伦理的关系,并建立自身的物质基础。问题在于,中国古代的创生宗教并没有形成全民族的信仰,也没有和国家机器合而为一,虽然通过制度化形成相对独立的教团,却没有和政治完全划清界限;更重要的是,无论是佛教还是道教,它们在宗教性上所达成的义理化深入,在根本上不过是与现世伦理实现了融合而已。综合来看,中国古代的创生宗教虽然持续不断,但绝大部分在很大程度上都和中国的文化内核高度契合。

中国古代宗教发展、变化所形成的历史系统,如图所示:

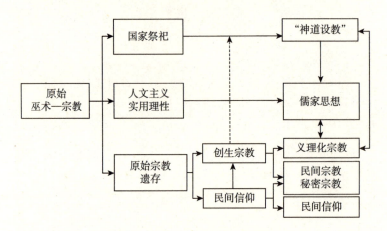

其中,主导整个社会的是以血缘伦理道德为本的儒家思想,它在本质上排斥一切宗教,却并不反对宗教向它靠拢乃至皈依。所以,不能说中国古代社会没有宗教,却可以说中国古代宗教具有独特的"宗教性",这种独特的"宗教性"就是宗教与世俗伦理的深入融合,以对道德或绝对精神的挚诚信仰代替了对人格化的上帝的崇奉。其结果,用吕思勉的话就是:"中国向来宗教、哲学与人伦日用之轨范,并不分张。儒释道称为三教,并行不悖,正以其名虽异,其实则无大不同耳。"①

以上仅仅是理论层面的分析。如果单从理论上着眼,显然不能完全了解中国古代宗教的实际情况。理解中国古代宗教特别是其宗教特质的最好方法,就是把眼光从那些高深的经卷中暂时挪开,转而投向我们所处的社会和具体的生活。

---

① 吕思勉:《两晋南北朝史》,上海古籍出版社,1983 年,第 1371 页。

　　即使在今天，我们也不难发现：尊祖敬宗之外，我们中国人最常见的宗教行为就是无处无神、有神则拜，从最卑微的土地、城隍，到总领凡俗的玉皇大帝，无论是天地山川还是江河湖海，乃至每乡每村，均各有神司，而俱在崇信之列。放大了看，中国古代社会就是一个由无数神灵构成的一个庞大的祠庙，人们根本不去理会所祠之神是佛是道、是仙是鬼，凡有一灵验，即香火不绝。包括祖先崇拜、神明崇拜、岁时祭仪、生命礼俗、以及符咒法术等在内的一套信仰和义理化的佛、道教相混合，构成了中国社会的一般信仰体系。这一信仰体系可以说是一个"功能性神灵的大杂烩"，外来宗教和一切创生宗教最后也都融入这个杂烩之中。一位杰出的中国宗教研究者杨庆堃，将其归纳为"丛散性宗教"。所谓"丛散性"不仅指出了它们的散漫和无组织性，更重要的是在强调它们的普遍性和功能性，亦即它们才是中国社会中真正发挥功能的"宗教"。

　　与"丛散性宗教"相对的是"制度性宗教"，亦即社会中存在并得到政治许可和规范的佛教、道教。但所谓"制度性"，也只能是相对而言。因为中国古代社会中的佛教、道教表面看上去有组织，有制度，有谨严的神祇系统和独特的神圣仪式，可无论是寺院还是道观，想要存在并发挥功能，必须应乎民众的需要，同时也有赖于社会的赞助，其"教团"永远无法做到绝对的独立，否则，便只能藏于深山而成为苦行僧的修炼之地和士人的逃禅之所。而其神祇，无论是释迦牟尼还是阿弥陀佛、弥勒佛，抑或元始天尊、太上老君，在庶民心目中实无明显的区别。更有趣的是，其中看起来属于佛教、道教的四大菩萨、五百罗汉、妈祖、阎罗、真武，实际上都是民俗的再创造，与宗教经典中的原型已根本不同。同时，在佛、道教团内部，并非所有僧道都能读懂高深的经典并领会其精义，亦非所有人都能在义理上有所建树。在寺观中普遍行持的大多是简明的经典,而且往往流于仪式之用。为皇室或国家服务的大型祭祀通常只有极少数的寺观才能举办,而为庶民服务的祈福禳灾却是那些微不足道却遍布于社会的小庙小观的日常功能。很多时候,直接服务于社会底层民众的甚至不是寺观,而是游方僧人或云游道士。

很明显,正如学者指出的那样,"在历史的绝大多数时期里,在中国社会制度框架体系下缺乏一个结构显著的、正式的、组织化的宗教",纯粹的"制度性宗教"是薄弱的、不充分的,更重要的是在一般社会中并不发生显著作用的。而在整个中国古代社会的长时段中,"丛散性宗教"则是普遍流行的、活动的、生生不息的,与世俗伦理和社会一般价值观契合无间,在社会中发挥了巨大的作用。

这也就是说,中国古代社会存在着一种实际流行的、为社会一般观念所认同的、真正发挥宗教功能的普化宗教,既可以称之为"民间宗教"(包括民间佛教、民间道教),也可以称之为"民间宗教信仰"。其特质在于其教义、仪式和组织都与世俗的社会生活混为一体,无论是其精神内核还是形式化仪轨组织都与世俗制度、社会秩序融合无间,并通过中国社会的世俗结构发挥作用。

道教在理论上可以认为是兼具"丛散性宗教"和"制度性宗教"两面。但实际情形是:在绝大多数的时间里,道教更多地呈现出"丛散性宗教"的性质和状态,并且在其千余年的发展过程中始终趋向于普化世间并最终成为"普化宗教"。

道教的名义、内涵与实质

"道"的本义是道路,引申为必经之路、规律,又成为先秦各派学术中公认的宇宙本体之名。其中,老子一派阐释、尊崇宇宙之"道"较为独特且显著,故在汉初进行思想、学术总结时,被名之曰"道家",成为九流十家之首。老子《道德经》的思想很复杂,蕴含着丰富的关于天道、世事、人生的朴素智慧,两汉时期已被奉为重要经典,并被进行相当程度的发挥,是当时所谓"黄、老之学"的核心组成部分。魏晋时期崇尚"三玄"之学,《道德经》即为其中之一,又被注入新的阐释。老子其人原本时代不明,但由于道家《道德经》的地位和意义,很早就被赋予强烈的神秘色彩,逐渐开始了神格化的过程。史载最早正式祭祀老子的皇帝是东汉明帝,他于延熹八年(165)遣使赴陈国苦县祠老子,第二年又亲祠老子于濯龙,使老子从先知先圣开始向"神"转化。

在当时的民间社会,老子则成为创生宗教"救世主"的一种典型。汉末天灾频仍,政治黑暗,民生艰难,宗教救世运动不断涌现。"救世运动"肇自于末世观导致的救世主义,核心思想是转世的救世主将其子民从奴役下拯救出来,恢复太平时代的荣光。"老子转世"和"天师降世"、"弥勒下生"是当时最为流行的救世主义信仰。"老子转世"者被称为"李弘",托名李弘的救世运动从汉末开始出现,是老子成为当时新兴宗教圣主的直接渊源。同时期先后出现的张角太平道及张陵五斗米道,均尊奉老子。十六国符秦前后产生的《正一法文天师教戒科经》,其中有言"老君授张道陵为天师"。北魏寇谦之在流行于北方的一些宗教救世运动余绪的基础上创立新教派时，托称"老君降诫"，进一步加强了老子的圣主地位。在先后其他地区发生的创生宗教派别中，也将老子置于较高的地位上。老子成为圣主以及某种意义上的最高神格之一，使其代表的"道"和"道家"不仅在这些新生宗教内部有意义，而且在整个社会上也渐渐获得了一个特定的指称意义。

于是，在佛教传化的刺激和社会需要的催动下，各种相关创生宗教因此出现整合趋势，"道"之一词便当仁不让地成为了这一整合体的代称，有时与"佛"、"佛教"、"佛法"并立，称为"道"、"道教"、"道法"，有时则沿袭旧名径称为"道家"。

"道教"原义是指大道之教、宣道之教，因此儒家传统和外来佛教在当时都可称美自身为"道教"。新兴的整合体宗教也不例外，宋齐之际顾欢撰《夷夏论》已将"佛教""道教"并称，此后则有《魏书·释老志》将寇谦之的行为称曰"清整道教"。"道教"作为专指的成立，应在公元 5 世纪期间。到了这个时候，"旧瓶"已经改装了"新酒"。

"道教"是汉末魏晋以来各种多元发生的创生宗教的整合体。这些创生宗教包括东汉太平道及此后托名"天师"的各种教派余绪、五斗米道、"老君转世""弥勒下生"救世运动、各地鬼道及神仙道、帛家道、李家道，等等，数量繁多、头绪复杂。总的来说，它们都是以本土原始宗教遗存如鬼神信仰、神仙崇拜及各种祈禳咒禁为基础，同时吸收了很多佛教因素而逐渐形成的，并同时开始了义理化、组织化的趋势。大约在南北朝末期，以总体经藏的形成为标志，几个影响较大的、拥有自身经典的系统被整合为一体，完成了初步的形式建构。

道教的包容与整合过程始终没有停止。这是因为自唐以后至于今世，既有原生宗教在社会中作为活态存在，新的创生宗教又不断涌现,同时作为包容整合体的道教本身更不免丛生枝蔓。道教的发展从来就不是一厢情愿的过程,而是一个从属的、被动的后果。

　　站在今天的时间点上审视道教的最后结果,并由此上溯,我们可以得出一个简单的结论:在名义上,道教是所谓儒、释、道三教之一,是相对于儒家思想、中国化佛教的另一系统;在历史上,道教是一个丛生与包容的交织过程;在实质上,道教是中国古代社会"丛散性宗教"的典型,是普化宗教的主流或重要方面。更重要的,道教是中国古代社会一般信仰亦即"国民心理的真相"的深刻反映,鲁迅所谓"中国的根柢全在道教",其精义在此。

原典阅读

《老子》选

【解题】

《老子》作为中国最伟大的经典之一，尤其具有经典的"空筐性""重塑性"，亦即取之不尽、填之不满，又可以不断被形塑成新的样式，从而呈现出新的意义。最早对《老子》加以神学发挥的是《老子想尔注》，传说作者是五斗米教团的真正领袖张鲁。此后道家、道教予以注解、阐释、引申者，不可枚数。本处选译了后世发挥较多的若干段落，所采原文以《道德经河上公章句》为底本，参考王弼本。译文吸收了陈鼓应、楼宇烈等人的相关研究成果。

体道第一

道可道，非常道；名可名，非常名。

无，名天地之始；有，名万物之母。

故常无，欲以观其妙；常有，欲以观其徼。

此两者同出而异名，同谓之玄。

玄之又玄，众妙之门。

【义旨大要】

可以用言语表达的道，不是恒常之"道"；可以为之命名的名，不是恒常之"名"。

无，是天地的开端；有，是万物的本元。

所以常通过无，观察道的奥妙；常通过有，观察道的边际。

无和有二者，同出一源而名称不一，都可以说是幽深之玄奥。

幽深又幽深,是一切奥妙之门。

无源第四

道冲,而用之或不盈。

渊兮,似万物之宗;湛兮,似若存。

吾不知其谁之子,象帝之先。

【义旨大要】

道体虚空,但作用起来不会穷竭。

渊深啊,好似万物的宗源;幽微啊,若隐若现。

我不知它从何而来,好像是天帝的祖先。

能为第十

载营魄抱一,能无离乎?

专气致柔,能如婴儿乎?

涤除玄鉴,能无疵乎?

爱民治国,能无为乎?

天门开阖,能为雌乎?

明白四达,能无知乎?

【义旨大要】

魂魄合一,能够不分离吗?

集聚精气达到柔顺,能像婴儿一样吗?

剔除杂念,心灵澄澈,能够没有瑕疵吗?

爱抚民众治理国家,能自然无为吗?

感官的运作,能保持安静柔弱吗?

通晓四方万物,能够不存心机吗?

厌耻第十三

宠辱若惊,贵大患若身。

何谓宠辱若惊？宠为下，得之若惊，失之若惊，是谓宠辱若惊。

何谓贵大患若身？吾所以有大患者，为吾有身；及吾无身，吾有何患？

故贵以身为天下，若可以寄天下；爱以身为天下，乃可托天下。

【义旨大要】

得宠和受辱都令人惊慌，重视身体如同重视极大病患。

什么叫作得宠和受辱都令人惊慌？得宠为卑下之事，得到它会令人惊慌，失去也会令人惊慌，这就叫作得宠和受辱都令人惊慌。

什么叫做重视身体如同重视极大病患？我之所以有大病患，乃是因为我有身体；如果我没有身体，我会有什么病患呢？

所以重视自己身体如重视天下的人，似可以将天下寄托给他；敬爱自己身体如敬爱天下的人，才可以将天下托付给他。

归根第十六

致虚极，守静笃。

万物并作，吾以观复。

夫物芸芸，各复归其根。归根曰静，静曰复命。复命曰常，知常曰明。不知常，妄作凶。

知常容。容乃公，公乃全，全乃天，天乃道，道乃久，没身不殆。

【义旨大要】

力臻虚静之极，笃实守持宁静。

万物一起生长，我以此观察天道循环。

纷纭万物，各自回归到它的本原。回归本原叫作静，静即是回复到性命的本真状态。回复到性命本真的规律叫作常，知晓这规律便可以称作明。若不能知晓常的规律，轻举妄动，则会招致灾难。

知晓常的规律则能包容，包容则能无私，无私则能周全，周全则能从于自然，从于自然则能契合于道，契合于道才能长久，终身不遭遇危险。

象元第二十五

有物混成，先天地生。寂兮寥兮，独立而不改，周行而不殆，可以为天下母。吾不知其名，字之曰道，强名之曰大。大曰逝，逝曰远，远曰反。

故道大，天大，地大，人亦大。域中有四大，而人居其一焉。人法地，地法天，天法道，道法自然。

【义旨大要】

有一混沌之物，先于天地而生。无声无形，独立永恒存在，循环运行而不停息，可以成为天下万物的源头。我不知道它的名称，暂且称其为"道"，勉强命名为"大"。广大则周流不息，周流不息则漫延无边，漫延无边则复归本原。

所以说，道大，天大，地大，人也大。宇宙之中有四者为大，人为其中之一。人取法于地，地取法于天，天取法于道，道之取法，自然无为。

反朴第二十八

知其雄，守其雌，为天下谿。为天下谿，常德不离，复归于婴儿。

知其白，守其辱，为天下谷。为天下谷，常德乃足，复归于朴。

朴散则为器,圣人用之则为官长。故大制不割。

【义旨大要】

知晓刚劲,却保持柔顺,作为天下的溪径。作为天下的溪径,恒常的质量未曾丧失,可以复归到婴儿的状态。

知晓明亮,却保持暗昧,作为天下的山谷。作为天下的山谷,恒常的质量始终饱满,可以令人复归到朴质的状态。

朴质的品德分散世间,是为万物;圣人运用它,则成为百官之长。所以高明的治理方式不是支离破碎的。

偏用第四十三

天下之至柔,驰骋天下之至坚。无有入无间,吾是以知无为之有益。

不言之教,无为之益,天下希及之。

【义旨大要】

天下最柔软的东西,可以驾驭天下最坚硬的东西。没有形体之物可以穿透没有间隙之物,我因此而知道无为的有益之处。

不用言语的教导,无所作为的益处,天下少有得到的。

洪德第四十五

大成若缺,其用不弊。

大盈若冲,其用不穷。

大直若屈,大巧若拙,大辩若讷。

躁胜寒,静胜热,清静为天下正。

【义旨大要】

最圆满的好像有欠缺,但运作起来不会衰败。

最充实的好像很空虚,但运作起来不会衰竭。

最正直的近似屈折,最精巧的近似笨拙,最灵巧的辩才近似言语迟钝。

躁动可以驱寒，宁静可以祛热。清静无为可以做天下的楷则。

贵生第五十

出生入死。生之徒，十有三；死之徒，十有三；人之生生，动之于死地，亦十有三。夫何故？以其生生之厚也。

盖闻善摄生者，陆行不遇兕虎，入军不被甲兵；兕无所投其角，虎无所用其爪，兵无所容其刃。夫何故？以其无死地。

【义旨大要】

出胎为生，入土为死。长寿之人，十中有三；夭折之人，十中有三；本来可以得生，但却妄动而致死的人，十中有三。为什么？因为奉养得过度了。

听说善于养护生命的人，陆上行走不会遇到犀牛老虎，突入战阵不会为兵戈所伤；犀牛无法用上它的角，老虎无法用上它的爪，兵器无法用上它的刃。为什么？因为他还未进入死亡的境地。

归元第五十二

天下有始，以为天下母。既知其母，复知其子；既知其子，复守其母，没身不殆。

塞其兑，闭其门，终身不勤；开其兑，济其事，终身不救。

见小曰明，守柔曰强。用其光，复归其明，无遗身殃，是谓袭常。

【义旨大要】

天下万物有它的开端，它是天下万物的根源。如果知道它的根源，就能知道它的产物；如果知道它的产物，就能护持它的根源，终身免除危险。

阻塞欲望的孔窍，关闭欲望之门，则可终身免于劳扰；敞开欲望的孔窍，增添纷扰事端，则终身不可救治。

能够体察细微叫做明，能够保持柔顺叫做强。运用照物之光，使心灵复归于明，而不留下灾祸，这就是袭用不绝的恒常规律。

《庄子》选

《逍遥游》

【解题】

《庄子》和《老子》一样，都是道教神学最重要的资源。《庄子》义理复杂深奥，其中逍遥放任、自然适性、心斋坐忘等思想，最为道教所吸纳申发。同时，《庄子》所建构的与道合一的"真人"，也为道教神仙之说提供了理论基础。《庄子》分内、外、杂篇，内篇大抵为庄子之说，外、杂篇则为庄子后学之论。本处选文所出之篇目《逍遥游》、《齐物论》、《养生主》、《人间世》、《大宗师》，均属内篇。注释及串讲主要参考郭庆藩《庄子集释》、陈鼓应《庄子今注今译》。

【原文】

小知不及大知，小年不及大年，奚以知其然也？朝菌不知晦朔，蟪蛄不知春秋，此小年也。楚之南有冥灵者，以五百岁为春，五百岁为秋；上古有大椿者，以八千岁为春，八千岁为秋。而彭祖乃今以久特闻，众人匹之，不亦悲乎！

故夫知效一官，行比一乡，德合一君，而征一国者，其自视也,亦若此矣①。而宋荣子犹然笑之②。且举世而誉之而不加劝,举世而非之而不加沮③,定乎内外之分,辩乎荣辱之境④,斯已矣。彼其于世,未数数然也。虽然,犹有未树也⑤。夫列子御风而行⑥,泠然善也,旬有五日而后反。彼于致福者,未数数然也。此虽免乎行,犹有所待者也⑦。若夫乘天地之正,而御六气之辩,以游无穷者,彼且恶乎待哉⑧? 故曰:"至人无己,神人无功,圣人无名。"

《齐物论》

【原文】

一受其成形,不亡以待尽。与物相刃相靡⑨,其行尽如

---

① 其自视也,亦若此矣:其,指前述"知效一官"的几种人;此,指前文中的小鸟无知而自得的状态。本句的意思是:所以有些人的智慧足以胜任一份官职,行为足以庇荫一地乡土,德行能契合于一国君主,从而取信于一国民众,他们自视的姿态,也就像这些嘲笑大鹏的小鸟一样。

② 宋荣子:即宋钘,战国时思想家,事迹见《庄子·天下》、《荀子·非十二子》、《孟子·告子》等。犹然:喜笑貌。

③ 本句的意思是:宋荣子不以天下人的赞誉而感到勉励,不以天下人的非议而感到沮丧。

④ 本句的意思是:宋荣子可以分判自我和外物的界域,辨明荣耀和屈辱的分别。

⑤ 未树:未有见树。本句的意思是:虽然宋荣子有如此德行,但依旧存在未有建树的方面。

⑥ 列子:即列御寇,春秋时思想家,事迹见《庄子》、《尸子》、《韩非子》等。今有《列子》一书传世,但真伪存疑。御风:乘风。

⑦ 有所待:有所依傍,不能完全自主。本句的意思是:列子御风,虽然免于步行,但无风则不行,仍然有所依傍。

⑧ 天地之正:天地的本性。六气:诸说不一,司马彪云:"阴阳风雨晦暝也。"辩:通"变",此指变化规律。本句的意思是:如果能顺应天地的本性,驾驭六气的变化,从而邀游于无限广远的境地,他还需要什么依恃呢?

⑨ 与物相刃相靡:犹言与事物之间各种形式的接触,"相刃"、"相磨"为接触的两种状态。靡,即"磨",《说文》:"磨,石硙也。"引申为硎磨之意。

驰,而莫之能止,不亦悲乎!终身役役,而不见其成功,苶然疲役,而不知其所归,可不哀邪!人谓之不死,奚益①?其形化,其心与之然,可不谓大哀乎②?人之生也,固若是芒乎③?其我独芒,而人亦有不芒者乎④?

物无非彼,物无非是⑤。自彼则不见,自知则知之⑥。故曰:彼出于是,是亦因彼⑦。彼是,方生之说也。虽然,方生方死,方死方生;方可方不可,方不可方可;因是因非,因非因是。是以圣人不由,而照之于天,亦因是也⑧。是亦彼也,彼亦是也。彼亦一是非,此亦一是非。果且有彼是乎哉?果且无彼是乎哉?彼是莫得其偶,谓之道枢⑨。枢始得其环中,以应无穷⑩。是亦一无穷,非亦一无穷也。故曰莫若以明。

夫大道不称,大辩不言,大仁不仁,大廉不嗛,大勇不忮。道昭而不道,言辩而不及,仁常而不周,廉清而不信,勇忮而

---

① 本句的意思是:这样的人即使不死,又有什么意义?

② 本句的意思是:人的形体有盛衰变化,精神也随之变化,这难道不是极大的悲哀吗?

③ 芒:迷茫,蒙昧。本句的意思是:人生于世,固然如此茫昧吗?

④ 本句的意思:或者,是否只有我一个人茫昧,而其他人中也有不茫昧的呢?

⑤ 本句的意思是:事物不可能不作为此物的"彼"(他者)而存在,也不可能不作为此物的"此"(自我)而存在。

⑥ 本句的意思是:从别人的角度看不到的地方,以自己的角度思考也就可以得知。

⑦ 本句的意思是:"彼"出自于"此","此"又因倚于"彼"。

⑧ 不由:由,经由;此处谓不以此法思考问题。本句的意思是:所以圣人不陷入彼此方生的说法,而是以天道相观照,随自然之义。

⑨ 道枢:意谓天道的枢要,万物运作的要义。枢,本指控制门户转动的枢机,喻指事物运作的要害。

⑩ 环中:环,枢机所插入的圆洞,中心空虚。郭象云:"环中,空矣;今以是非为环而得其中者,无是无非也。无事无非,故能应夫是非。是非无穷,故应乎无穷。"

不成。五者园而几向方矣①。故知止其所不知，至矣。孰知不言之辩，不道之道②？若有能知，此之谓天府。注焉而不满，酌焉而不竭，而不知其所由来，此之谓葆光③。

《养生主》

【原文】

吾生也有涯，而知也无涯，以有涯随无涯，殆已④，已而为知者，殆而已矣⑤。为善无近名，为恶无近刑⑥。缘督以为经，可以保身，可以全生，可以养亲，可以尽年⑦。

《人间世》

【原文】

颜回曰："吾无以进矣，敢问其方⑧。"

---

① 园而几向方："园"同"圆"，本为圆而倾向于方。成玄英疏："此五者，皆以有为伤当者也。不能止乎本性，而求外无已。夫外不可求而求之，譬犹以圆学方，以鱼慕鸟耳。虽希冀鸾凤，拟规日月，此愈近彼，愈远实，学弥得而性弥失，故齐物而偏尚之累去矣。"

② 本句的意思是：所以人的智慧止于他所无法探知的境地，便是极点。不用言辞的辩论，无法陈述的天道，人怎么能够知晓呢？

③ 本句的意思是：如果有能明晓此意的，那就叫做天地的府库——无论注入多少都不会满溢，无论酌取多少也不会枯竭，而人们不知道它的来由。这种状态，就叫做"葆光"。

④ 涯：边际。随：追随。殆：危险。本句的意思是：我的生命有限，但世间的智慧无限，以有限的生命去追求无限的智慧，这是非常令人疲困的。

⑤ 本句的意思是：既然知道如此，还要追求智慧，那样更是困窘。

⑥ 刑：刑罚。本句的意思是：行"善"举不要趋近功名，为"恶"事不要有涉刑罚。

⑦ 缘督：守中合道，顺应自然。经：常。生：通"性"，此处指人的本性。本句的意思是：以顺应自然为养生常理，可以保养身体，可以保全真性，可以奉养双亲，可以享尽天年。

⑧ 进：指进一步学习，修习身心。方：解除困惑的方法。

仲尼曰："斋，吾将语若！有心而为之，其易邪？易之者，皞天不宜①。"

颜回曰："回之家贫，唯不饮酒不茹荤者数月矣。如此，则可以为斋乎？"

曰："是祭祀之斋，非心斋也②。"

回曰："敢问心斋。"

仲尼曰："若一志，无听之以耳而听之以心，无听之以心而听之以气。耳止于听，心止于符，气也者，虚而待物者也。唯道集虚。虚者，心斋也。"

《大宗师》

【原文】

且有真人而后有真知。何谓真人？古之真人，不逆寡，不雄成，不谟士。若然者，过而弗悔，当而不自得也。若然者，登高不栗，入水不濡，入火不热。是知之能登假于道者也若此。古之真人，其寝不梦，其觉无忧，其食不甘，其息深深③。真人之息以踵，众之之息以喉④。屈服者，其嗌言若哇⑤。其嗜欲深者，其天机浅。古之真人，不知说生，不知恶死；其出不䜣，其入不距⑥；翛然而往，翛然而来而已矣。不

---

① 有心：有成心，怀有己见。皞天不宜：与自然之理不相合。向秀注："皞天，自然也。"本句的意思是：你带着成心修行，会容易吗？如果容易，那是不符合天理的。

② 祭祀之斋：即前文颜回所说，以"不饮酒不茹荤者"为主，用于祭祀的斋戒。

③ 本句的意思是：古时的真人，睡觉时不做梦，醒来后无忧患，饮食不求甘美，呼吸稳定深沉。

④ 本句的意思是：真人甚至可以用脚踵呼吸，凡夫只能用喉咙呼吸。

⑤ 嗌：咽喉，郭璞《尔雅注》："江东名咽为嗌。"哇：阻碍。本句的意思是：议论受屈的时候，言语吞吐好像咽喉受到阻碍。

⑥ 本句的意思是：生时并无欣然，死去并不抗拒。"䜣"同"欣"。

忘其所始,不求其所终;受而喜之,忘而复之①。是之谓不以心损道,不以人助天②,是之谓真人。

死生,命也,其有夜旦之常,天也③。人之有所不得与,皆物之情也④。彼特以天为父,而身犹爱之,而况其卓乎⑤? 人特以有君为愈乎己,而身犹死之,而况其真乎⑥? 泉涸,鱼相与处于陆,相呴以湿,相濡以沫,不如相忘于江湖。与其誉尧而非桀也,不如两忘而化其道⑦。

夫道,有情有信,无为无形⑧;可传而不可受,可得而不可见⑨;自本自根,未有天地,自古以固存⑩;神鬼神帝,生天生地⑪;在太极之上而不为高,在六极之下而不为深;先天地生而不为久,长于上古而不为老。狶韦氏得之,以挈天地;伏牺氏得之,以袭气母;维斗得之,终古不忒;日月得之,终古不息;堪坏得之,以袭昆仑;冯夷得之,以游大川;肩吾得之,以处太山;黄帝得之,以登云天;颛顼得之,以处玄宫;禺强得之,立乎北极;西王母得之,坐乎少广,莫知其始,莫知其

----

① 本句的意思是:真人能够欣然接受万物,又能够忘怀事务复归本真。

② 本句的意思是:不因私心损害道,不以人力佐助天。

③ 夜旦之常:昼夜交替的常理。本句的意思是:死与生,是命,就像黑夜白天的规律,是自然天理。

④ 本句的意思是:人对有些事情无法干预,那些都是事物的实情。

⑤ 卓:高,比天更加高迈之物,是为道。本句的意思是:那些唯独奉天为万物之父的人,亲身敬奉它,更何况比天更为卓绝的道呢?

⑥ 本句的意思是:人们只是认为君王胜过自己,就愿意舍身为他效忠,更何况比这更为真纯的道呢?

⑦ 本句的意思是:与其赞誉尧而非议桀,倒不如忘却二者的是非而化归大道。

⑧ 信:符契、信验。本句的意思是:道,有实情有信验,无作为无行迹。

⑨ 本句的意思是:可以心传而不可口授,可以领会而不可目见。

⑩ 本:根。本句的意思是:道自为根本,在未有天地时就已存在。

⑪ 本句的意思是:道生出鬼神和上帝,生出天与地。

终；彭祖得之，上及有虞，下及五伯；傅说得之，以相武丁，奄有天下，乘东维，骑箕尾，而比于列星。

《老子铭》

【解题】

《老子铭》，东汉边韶撰，原刻于苦县老子庙前，为汉桓帝授意而作，其事见于《水经注·涡水注》。原碑今已不存。北宋欧阳修、赵明诚等已有著录，南宋洪适《隶释》始收录完整碑文。嗣后谢守灏所编《混元圣纪》亦收录之。清人严可均将此文编入《全后汉文》。是碑在老子神话、早期道教思想、佛道关系方面均有重要意义，因而历来受到中外学者高度重视。本处原文据刘屹新校本（刘屹《论〈老子铭〉中的老子与太一》，《汉学研究》第 21 卷第 1 期，2003 年 6 月）。

【原文】

老子姓李，字伯阳，楚相县人也。春秋之后，周分为二，称东西君。晋六卿专征，与齐楚并僭号为王。以大并小，相县荒芜，今属苦。故城犹在，在赖乡之东，水处其阳①。其土地郁墟高敞，宜生有德君子焉。

老子为周守藏室史，当幽王时，三川实震，以夏殷之际，阴阳之事，鉴喻时王②。孔子以周灵王廿年生，到景王十年，年有十七，学礼于老聃。计其年纪，聃时以二百余岁。聃然，

---

① 本句的意思是：相县的旧城现在尚存，位于赖乡之东，其南部有河流经过。
② 此句指周幽王二年三川地震，大夫伯阳父借灾异预言国运之事，见《国语·周语》。后世认为伯阳父即老子。

老旄之貌也。孔子卒后百廿九年，或谓周太史儋为老子，莫知其所终。

其二篇之书，称天地所以能长且久者，以不自生也。厥初生民，遗体相续，其死生之义可知也。或有"浴神不死，是谓玄牝"之言。由是世之好道者，触类而长之，以老子离合于混沌之气，与三光为终始①；观天作谶，升降斗星，随日九变，与时消息，规矩三光，四灵在旁②；存想丹田，太一紫房，道成身化，蝉蜕渡世。自羲农以来，世为圣者作师。班固以老子绝圣弃知，礼为乱首③，与仲尼道违，述《汉书·古今人表》，检以法度，抑而下之，老子与楚子西同科，材不及孙卿、孟轲④。二者之论殊矣，所谓"道不同不相为谋"也。

延熹八年八月甲子⑤，皇上尚德弘道，含闳光大，存神养性，意在凌云⑥。是以潜心黄轩，同符高宗，梦见老子，尊而祀之⑦。于时陈相边韶⑧，典国之礼，材薄思浅，不能测度至人，

---

① 三光：日、月、星。这句是说后世喜好道家学说的人敷演老子的学说，认为老子与天地初始的混沌之气乍离乍合，与日月星辰同始同终。

② 观天作谶：通过观察星象作出预言。消息：盛衰，增减。规矩：规、矩为校正圆、方的工具，此处意谓校正三光的运行。四灵：指龙、凤、龟、麟四种灵兽。

③ 此句中，"绝圣弃知"见《道德经》第十九章："绝圣弃知，民利百倍。""礼为乱首"，出自《道德经》第三十八章："夫礼者，忠信之薄，而乱之首。"这些与以提倡礼教为主的儒家相冲突。

④ 楚子西：春秋时楚国令尹，楚昭王兄。本句的意思是：班固因为提倡儒教，不喜老子学说，所以在《汉书·古今人表》中，对老子的地位有刻意的压低。

⑤ 延熹：东汉桓帝年号，延熹八年即公元 165 年。

⑥ 凌云：见《史记·司马相如列传》："相如既奏《大人之颂》，天子大说，飘飘有凌云之气，似游天地之间高。"此处借武帝事言桓帝爱好修仙。

⑦ 潜心黄轩：黄轩，黄帝轩辕氏，此处指黄老道术。同符高宗：符，征兆；高宗，商王武丁，武丁梦得傅说，事见《尚书·说命》，此处所言乃是汉桓帝梦见老子。桓帝尊祀老子的记载，见《后汉书·桓帝纪》："八年春正月，遣中常侍左悺之苦县，祠老子。"

⑧ 边韶：陈留浚仪人，以文章知名，时任陈相。详见《后汉书·边韶传》。

辨是与非，案据书籍以为：

老子生于周之末世，玄虚守静，乐无名，守不德，危高官，安下位，遗孔子以仁言。辟世而隐居，变易姓名，唯恐见知。夫日以幽明为节，月以亏盈自成。损益盛衰之原，依伏祸福之门，人道恶盈而好谦。盖老子劳不定国，功不加民，所以见隆崇于今，为时人所享祀，乃其逃禄处微，损之又损之之余胙也①。显虚无之清寂，云先天地而生，乃守真养寿，获五福之所致也②。敢演而铭之。其辞曰：

于惟玄德，抱虚守清，乐居下位，禄执不营，为绳能直，屈之可萦③。三川之对，舒愤散逞。"阴不填阳，孰能滞并"④。见机而作，需郊出坰，肥遁之吉，辟世隐声⑤。见迫遗言，道德之经⑥。讥时微喻，寻显推冥，守一不失，为天下正⑦。处厚不薄，居实舍荣；稽式为重，金玉是轻；绝嗜去欲，还归于婴。皓然历载，莫知其情，颇违法言，先民之程。要以无为，大化用

---

① "损之又损"，见《道德经》"为道日损，损之又损，以至于无为"。余胙：祭祀剩下的肉，此句意指"逃禄处微"为老子智慧之零余。

② 虚无：虚无是道的本体，即所谓"道体虚无"。五福：五种福报，《尚书·洪范》："五福：一曰寿，二曰富，三曰康宁，四曰攸好德，五曰考终命。"本句的意思是：老子昭显道体虚无的清寂状态，以"无"先于天地而生，因而得以持守真性、养护性命，收获五种福祉的赐予。

③ 本句的意思是：老子无心功名利禄，作绳墨能笔直，欲屈折亦可萦绕。

④ 此处所指乃前举《国语·周语》所载伯阳父之事。"阴不填阳，孰能滞并"为伯阳父阐说地震实质的内容。

⑤ 坰：同"坰"，《尔雅·释地》："林外谓之坰"，此处指远离城邑的郊野。肥遁：归隐，《抱朴子内篇·畅玄》："知足者则能肥遁勿用，颐光山林。"此句指老子见周室运衰而隐遁。

⑥ 见迫遗言：老子受关尹喜的嘱托，勉强为其作《道德经》，事见《史记·老庄申韩列传》。

⑦ 本句的意思是：《道德经》讥讽时事，阐发幽微，摘取显要的道理，推求玄奥的意旨，以抱守专一而不失堕，为天下的正道。

成①。进退无恒,错综其贞,以知为愚,冲而不盈②。大人之度,非凡所订。九等之叙,何足累名③。同光日月,合之五星。出入丹庐,上下黄庭。背弃流俗,舍景匿形④。苞元神化,呼吸至精。世不能原,仰其永生。天人秩祭,以昭厥灵。羡彼延期,勒石是旌⑤。

---

① 前数句为老子对修行的要求,末句点出诸法要义在于"无为"。

② 进退无恒:或进取或谦退,没有常则。《周易·文言》:"进退无恒,非离群也。"以知为愚:以智慧为愚昧,复归于朴,意若《道德经》第四十五章:"大直若屈,大巧若拙,大辩若讷。"冲而不盈:道体虚空,但作用起来不会穷竭。《道德经》第二章:"道冲,而用之或不盈。"本句的意思是:老子进退没有常则,真意参差错综,以智慧为愚昧,守冲虚而不盈满。

③ 九等:排列人或物的九等次。老子不以名为累,早已超脱俗世。

④ 丹庐:丹房。黄庭:黄,中央之色;庭,四方之中;"黄庭"即谓中心。景:即"影",道教认为通过修行可以藏匿人影。

⑤ 延期:长久的时间,此处指祭祀老子的传统由来已久。勒石是旌:刻石作为旌表。

道教的渊源与形成

　　道教的来源与如何整合并"形成"的过程，是一个非常重要的问题，直接关系到道教的内涵与实质。

　　所有新兴的创生宗教都是在原生宗教以及由原生宗教发展而来的民间信仰的基础上生发的，而道教从一开始就是新兴创生宗教和民间信仰的整合体，因此，追溯其渊源就不仅需要关注它的直接来源，而且需要考察它的原始资源。只有这样，才能更好地了解它的整合与形成。

道教的原始资源

　　总体而论,道教的原始资源主要就是原始巫术宗教及其在社会中又不断发展变化的活态存在,也包括有长期层积的朴素知识以及春秋战国"轴心突破"以来的精英思想元素。具体分析,大约有以下几端:

　　第一是长生不死信仰。

　　人死后灵魂升天是"万物有灵观"的重要表现之一,属于世界范围内较早的原始宗教形态。但中国古代"长生不死"信仰与之有较明显的差别,它不追求灵魂出窍而是相信灵肉俱可不死。从性质上看,更偏重于"泛生观念",即认为和自然界存在超然力量相同,人类中也存在着"神人"、"仙人",可以和宇宙化合为一得到永生,后来的先秦道家哲学即发挥了这一思想。

在另一方面，一种基于朴素的医疗和养生经验而发展起来的巫术思维相信，可以通过两类技术方法求取长生：一类是修炼，一类是服食。修炼包括各种锻炼身心的方式，而服食则是食用各类人为药物和自然物。这一观念是战国至秦汉时期兴盛的"方仙道"的理论基础，在魏晋南北朝时期臻致高峰并持续发展，成为后来义理化道教的主流思想之一。

第二是泛神崇拜及祭祀祈禳。

所谓泛神，是原始宗教泛生观、泛灵观念的发展，举凡天、地、山、川、云、雨、雷、电、树、木、石、草以及祖灵、人鬼、器物均具神力而予以祭祀。虽然自商人开始就从中孕育出以"天"或"天帝"为代表的至上神观念，但总体上仍然保持丛散无主的状态，并没有形成人格化的神灵。

第三是萨满教巫道。

在上一章中曾说到，"萨满教"巫道是中国上古时期原始巫术宗教的主要型态，其主要特色是由"巫"充当人—神媒介而进行驱邪、治病、造雨、占卜和预言等原始宗教活动。随着西周以降的人文兴盛，萨满巫道在中原主流文化中有所消歇，但在南方等边缘地区仍然非常活跃："荆人畏鬼而越人信礼"（《吕氏春秋·异宝》）；"昔楚南郢之邑，沅、湘之间，其俗其鬼而好祀，其祀必使巫觋作乐，歌舞以娱神。蛮荆陋俗，词既鄙俚，而其阴阳人鬼之间，又或不能无亵慢淫荒之杂"（《楚辞章句》）。在楚辞作品中，仍可以看到很多人神相通、召魂还魄、羽化蜕变的内容。

第四是朴素医疗养生之术。

医疗是最先发展出来的经验知识之一，中国古代医家在此基础上又发展出各种养生之术，如"吹呴呼吸，吐故纳新，熊经鸟申"，亦即呼吸和躯体运动相结合的"导引"，还有"不食五谷，吸风饮露"的辟谷，以及乐而有节、还精补脑的房中之术等。

第五是先秦道家及秦汉黄老之学。

先秦的老庄思想十分复杂,在根本上都是一种哲学观念而非宗教信仰。但是,因为其涉及到一些本体论的认识,特别是老子崇尚并探求宇宙本体之"道",庄子强调摆脱物累而追求逍遥之境,遂不免具有浓厚的"宇宙启示"色彩和神秘主义体验。其本质是认识到宇宙本体的超越性、绝对性,从而努力使自身融合到万物的一体性亦即宇宙之中,接受它的启示,消除任何的主客体隔阂,达到一种宁静的愉悦。因此,道家思想极易导致"宇宙论"式的宗教信仰,而道教的义理化提升也就必将攀附并融合道家思想。

秦汉盛行的黄老之学在本质上是一种发挥先秦道家"清净无为"思想的政治、学术观念,但因为政治的加入,促成了道家向神学的转化趋向,[①]进而形成黄老崇拜,与传统的自然神、祖灵崇拜共同成为国家祭祀的组成部分。

当然,这五个方面只是就荦荦大端而言,并不能涵盖道教原始资源的全部。同时,它们也多有交叉重叠和相互融混之处,都不是完全孤立的现象。

---

① 任继愈主编:《中国道教史》,上海人民出版社,1990年,第14页。

道教的直接来源

　　西汉成帝时,齐人甘忠可作《天官历·包元太平经》,言"汉家逢天地之大终,当更受命于天,天帝使真人赤精子下,教我此道"(《汉书·李寻传》),已包含有初步的"末世论""转世说",成为"太平"救世运动兴起之初征。此后出现《太平清领书》,即今残存之《太平经》。《后汉书·襄楷传》载:顺帝时,琅邪人宫崇诣阙上其师于吉于曲阳泉水上所得神书百七十卷,未被采用。后襄楷复上,仍不为桓帝所动。尽管经历了一些沉浮,但《太平经》还是逐渐为世人所知。《太平经》思想混杂,当出于文士敷衍,其中之"太平理想"元素已十分明显,是乱世之际创生宗教出现的标志。

　　"太平理想"即是一种期望太平,迫切希望解除痛苦,逃脱苦难,乃至于解决根本性问题的思想观念。它是"救世主义"的一种转型,是中国式的"千年王国主义",是文明以后创生宗教的思想基础。后汉之末,天灾频仍,政治黑暗。"太平理想"应乎庶民需要,成为宗教之思想,遂起宗教之革命。《后汉书》卷三十八传论:"安、顺以后,风威稍薄,寇攘寖横,缘隙而生,剽人盗邑者不阕时月,假署皇王者盖以千数。或托验神道,或娇妄冕服。"其特点是以"天师"降世为号召,组织民众发动起义以实现太平之世。

　　太平道、黄巾起义　规模最大的是张角"太平道"起义。张角是河北钜鹿人,据《后汉书·皇甫嵩传》和《三国志·张鲁传》裴注引《典略》记载,张角自称"大贤良师",奉事黄老道,蓄养弟子,自己则持九节杖为符祝,教人叩头思过,并以符水饮之。因为病者颇愈,百姓归者甚众。张角又遣弟子八人使于四方以传教,十余年间,青、徐、幽、冀、荆、扬、兖、豫八州徒众竟至数十万。遂置三十六方,大方万余人,小方六七千人,各立首领。张角应受到《太平经》的影响,同时也像很多救世运动一样,预先散布"苍天已死,黄天当立,岁在甲子,天下大吉"的谶言,以为起事之兆。早在熹平二年(173)六月,洛阳有传言说当地虎贲寺东壁中出现了一个"黄人",消息一出,前来瞻仰者有数万之多,以致道路为之阻绝。这一"黄人"大约就对应了民间所普遍尊奉的"中黄太一"神。此事虽不能说就是张角所为,但一定是当时普遍流行的一种救世主降临之兆。张角谶言中的"苍天"是指汉朝统治,而"黄天"则为"中黄太一"所主宰的新的太平时代。甲子年的中平元年(184)二月,张角果断发动暴动,三十六方数十万人同时起事。张角自称"天公将军",弟张宝称"地公将军",张梁称"人公将军",全军皆头裹黄巾,时称"黄巾军"。旬日之间,四地响应,天下震动。黄巾起事虽不久即被镇压,但其余众仍在各地坚持抗争数年之久,并不断引发新的小规模起义。此一暴动在根本上动摇了东汉王朝的统治,直接导致了"三国"割据的开始。其作为创生宗教的影响,也可以说具有划时代的意义。

五斗米道 在继起的宗教运动中,对当时及后世影响最为深远的则是"五斗米道"。关于"五斗米道"的创始者,道教内史皆称为张陵(后尊称为张道陵),宋以后道教开始出现对自身历史的系统整理时,又形成所谓"张天师世家"的详实谱系。毫无疑问,这不过是宗教内史的神化而已。

道教之外的正史记载,则十分混乱:

关于"三张"的记载

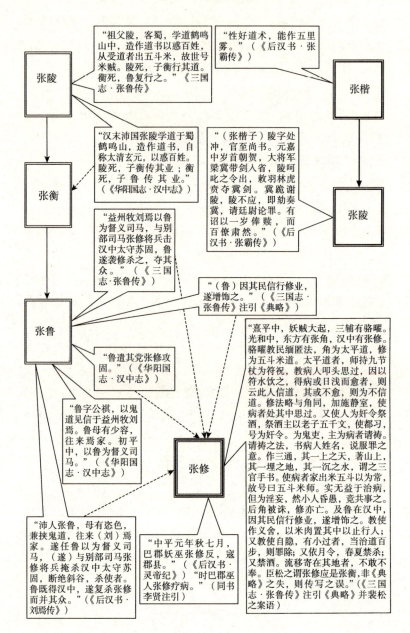

张陵

"祖父陵，客蜀，学道鹤鸣山中，造作道书以惑百姓，从受道者出五斗米，故世号米贼。陵死，子衡行其道。衡死，鲁复行之。"《三国志·张鲁传》

"性好道术，能作五里雾。"（《后汉书·张霸传》）

张楷

"（张楷子）陵字处冲，官至尚书。元嘉中岁首朝贺，大将军梁冀带剑入省，陵呵叱之令出，敕羽林虎贲夺冀剑。冀跪谢陵，陵不应，即劾奏冀，请廷尉论罪。有诏以一岁俸赎，而百僚肃然。"（《后汉书·张霸传》）

张陵

"汉末沛国张陵学道于蜀鹤鸣山，造作道书，自称太清玄元，以惑百姓。陵死，子衡传其业；衡死，子鲁传其业。"（《华阳国志·汉中志》）

张衡

"益州牧刘焉以鲁为督义司马，与别部司马张修将兵击汉中太守苏固，鲁遂袭修杀之，夺其众。"（《三国志·张鲁传》）

"（鲁）因其民信行修业，遂增饰之。"（《三国志·张鲁传》注引《典略》）

张鲁

"鲁遣其党张修攻固。"（《华阳国志·汉中志》）

"鲁字公祺，以鬼道见信于益州牧刘焉。鲁母有少容，往来焉家。初平中，以鲁为督义司马。"（《华阳国志·汉中志》）

张修

"沛人张鲁，母有恣色，兼挟鬼道，往来（刘）焉家。遂任鲁以为督义司马，（遂）与别部司马张修将兵掩杀汉中太守苏固，断绝斜谷，杀使者。鲁既得汉中，遂复杀修而并其众。"（《后汉书·刘焉传》）

"中平元年秋七月，巴郡妖巫张修反，寇郡县。"（《后汉书·灵帝纪》）"时巴郡巫人张修疗病。"（同书李贤注引）

"熹平中，妖贼大起，三辅有骆曜。光和中，东方有张角，汉中有张修。骆曜教民缅匿法，角为太平道，修为五斗米道。太平道者，师持九节杖为符祝，教病人叩头思过，因以符水饮之，得病或日浅而愈者，则云此人信道，其或不愈，则为不信道。修法略与角同，加施静室，使病者处其中思过。又使人为奸令祭酒，祭酒主以老子五千文，使都习，号为奸令。为鬼吏，主为病者请祷。请祷之法，书病人姓名，说服罪之意。作三通，其一上之天，著山上；其一埋之地，其一沉之水，谓之三官手书。使病者家出米五斗以为常，故号曰五斗米师。实无益于治病，但为淫妄，然小人昏愚，竞共事之。后角被诛，修亦亡。及鲁在汉中，因其民信行修业，遂增饰之。教使作义舍，以米肉置其中以止行人；又教使自隐，有小过者，当治道百步，则罪除；又依月令，春夏禁杀；又禁酒。流移寄在其地者，不敢不奉。臣松之谓张修应是张衡，非《典略》之失，则传写之误也。"（《三国志·张鲁传》注引《典略》并裴松之案语）

这种混乱其实也很正常。创生宗教及其救世革命最初都是起于民间下层民众，而后再转由一些有思想、有地位的人士接手并予以壮大，而正统的历史记录不像后期宗教内史那样往往进行整理和神化，所以也就必然会出现传闻之误和记载歧异。不过，尽管有关人、地、事的具体记录存在差异，但这些史料所反映的"五斗米道"的实质内涵还是十分清楚的。

最初的五斗米道可能来自于蜀地，但爆发无疑是在汉中地区；其创始者擅咒术，并为人治病，因此多有人加入成为信徒；进而创始者将信徒组织为集团，每个信徒必须首过忏悔，并交纳五斗米及其他什物。凡是创生宗教式的秘密社团无不皆以治病为号召，要求信徒承认、交代以往过失并幡然悔悟，永不再犯，五斗米道亦不例外。不过，它很早就开始了一定程度的义理化提升，如造作"道书"，使习"老子五千文"等。同时，其教团组织也已经相当严密，特点是设置"静室"以忏悔首过，建立"义舍"以招徕教民，[①]并将这种"静室""义舍"转化为教团单位"治"。在张鲁之前，"治"就有二十四个之多，只是分布尚不广泛。

张鲁的生平较为清楚，除《三国志》中的本传外，《华阳国志》及《后汉书》中也都有记载。综合来看，张鲁是五斗米道的关键人物，既攘夺了原可能由张修创始的教团为己所用，又不断予以增广强化，同时建构了由其祖、父再到自己的正统宗系，从而壮大了力量，形成一个政教合一的割据势力，一跃而为汉末群雄之一。张鲁政权大约维持了三十年左右，建安二十年(215)被曹操击败。张鲁本人投降曹操，被命为"镇

---

① 义舍，参阅唐长孺：《太平道与天师道——札记十一则》，《中华文史论丛》第八十三辑，上海古籍出版社，2006年。

南将军"后颇受优待,其徒众也被允许保留组织,但被强制迁至三辅(包括长安)、洛阳、邺城三个地区。降及西晋,五斗米道的余绪在这些地区和太平道的余绪有所交汇发展,形成以"三张"为教主,以"三天正一盟威之道"为标榜的宗教组织,成为后来北魏寇谦之"清整道教"的基础。

其他救世运动 在太平道、五斗米道的同时,还有依托"天师降世""老君转世"的其他救世运动。史载以托称老君转世的"李弘"或与之有关的民间救世革命为多,"老君当治,李弘应出,天下纵横,反逆者众,称名李弘,岁岁有之。"(《老君音诵诫经》)"岁岁有之"的李弘,只是诈托名称而已,并非真有其人,而是老君的转世化身。① 梁刘勰《灭惑论》有曰:"张角、李弘,毒流汉季;卢悚、孙恩,乱盈晋末。"将张角、李弘、卢悚、孙恩并列,进一步证明了其救世运动性质。这些原起于社会中下层农民之手的反叛运动,而后再转化为创生宗教式的秘密教团组织,都是道教形成的直接来源。从东晋末开始,道经系统中多有预言"金阙帝后圣李(帝)君"降临救世的谶言,一直到唐宋时期仍有称述。

各地民间信仰 除此之外,各地"鬼道"亦即由民间原始宗教遗存而发展起来的民间信仰也是道教直接来源的重要组成部分。比较重要的有四个地区:

一是巴蜀。巴蜀原始宗教本极浓盛,无论是张陵、张修还是张鲁之道,与西南氐人及羌人、叟人、賨人的信仰都有着密切关系。东汉以来东西羌及蜀郡诸夷的叛乱不绝如缕,自称"天师"而兴"鬼道"者亦时有发生,如《华阳国志·大同志》记载益州民陈瑞"以鬼道惑民,其道始用酒一斗、鱼

---

① 王明:《农民起义所称的李弘和弥勒》,《道家和道教思想研究》,中国社会科学出版社,1984 年。

一头，不奉他神。贵鲜洁，其死丧产乳者不百日不得至道治。其为师者曰祭酒。父母妻子之丧，不得抚殡入吊及问乳病者。后转奢靡，作朱衣、素带、朱帻、进贤冠。瑞自称天师，徒众以千百数"，即为其中典型。

二是东方滨海一线。东方滨海地区自古方仙道盛行，又是太平道黄巾起义的主战场之一，其地从庶民到世家大族都颇有鬼神信仰，西晋时赵王伦作乱，拜道士为"太平将军"、"作厌胜文，使巫祝选择战日。又令近亲于嵩山着羽衣，诈称仙人王乔，作神仙书，述伦祚长久以惑众。"(《晋书·赵王伦传》)

三是北方中原地区。北方中原地区的民间信仰有自己的特色，主要是在自然神崇拜、鬼神祭祀以及原始巫术基础上发展起来的各种祈禳咒禁之术较为盛行。

四是南方吴楚地区。南方地区本即保留了很多的原始巫术与原始宗教的遗存，"信巫鬼，重淫祀"。降至两汉时期，江南及西南一带仍持续了此一独特传统。民间萨满巫道，尤为盛行，种种"师巫"极为活跃，宗教教团也有出现。三国吴时期琅琊人于吉的道团就曾在江东活动，南北朝时期的《洞仙传》称之为"于君道"。此"于吉"是否即为汉顺帝时宫崇之师，不得而知，但很可能与太平道有关。吴以后又有"李家道"、"帛家道"及"葛氏道"在江东活动。"李家道"是传言来自于蜀中的李阿（又称李八百）在吴地兴起的教团，因其"能祝水治病颇愈"，于是远近翕然，避役之吏民投奔为弟子者近千人，弟子又转相教授，"布满江表，动有千计"(《抱朴子内篇·道意》)。"帛家道"传言出于帛和，字仲理，师从董先生学行气断谷术，又诣西城山王君传受《太清中经》《神丹方》及《三皇文》《五岳图》等南方神仙道的重要符图。当时有很多人假托其名，因此真正的"帛和"甚为不明，其籍贯何地，究竟是一人还是二人，是否即为"帛家道"的始祖，都不清楚。但"帛家道"是东晋南方神仙道的一个流派并无疑问，而且可能还是上清系的主要来源之一。"葛氏道"是指葛洪在《抱朴子内篇》中所描述的家传道法。据《抱朴子内篇》记载，葛氏道的始祖是避地江东的左慈，葛洪叔祖葛玄拜左慈为师，传受《太清丹经》《九鼎丹经》等经法；葛玄传郑隐，郑隐又成为葛洪之师。葛洪还曾受教于其岳父南海太守鲍靚，鲍靚据说受著名的仙人阴长生所传，有尸解成仙之法。葛氏一系的特色是强调神仙可学，并特别崇尚金丹之法，和南方民间旧有宗教渊源密切，同时也与东晋新兴宗教中的上清、灵宝两系存在互动关系。

道教的整合与"形成"

　　即便拥有如此丰富的原始资源和直接来源,道教的整合与形成也并不是一件自然而然的事情。富有传统渊源但却纷纭复杂的众多民间信仰和新兴创生宗教,最后能归于"道教"的旗帜下,还有三大外部条件的促成:第一是汉末以来持续不断的社会动乱、西晋末年的异族入侵以及晋室南渡,第二是西来佛教的刺激,第三是魏晋以来思想多元、玄学勃兴所导致的精神创造。

　　汉末动乱后,群雄割据,三国纷争,社会受到极大破坏,"百姓死亡,暴骨如莽"。幸余之民则奔走四方,青州、关陇、京洛、荆州、冀州及苏北、皖北之民流徙于外者,近百余万口。(王仲荦《魏晋南北朝史》)曹魏短暂统一北方后,并未带来彻底的安定。司马氏虽克服蜀、吴统一中国,但西晋政治不能清明,贵族统治者奢侈贪暴,社会矛盾依然突出。公元291年至306年间又发生统治阶级内部的大混战("八王之乱"),加之灾荒频仍、疾疫流行,遂致生灵涂炭,天下骚然,各地流民起义层出不穷。在此天灾人祸愈演愈烈之际,游牧民族的内迁又带来新的问题,阶级矛盾和民族矛盾两相叠加,最终导致"五胡乱华""永嘉之乱",西晋王朝覆灭,晋室南渡建立东晋;匈奴等民族则统治了中国北方大部分地区,先后出现了大大小小十几个割据政权。自东汉末年以来近一个半世纪的悲惨时世和痛苦生活,无疑是宗教勃兴的温床。

　　本土创生宗教救世运动以外,佛教的传入、流行和成功

47

扎根是另一个显著的催化剂。佛教自汉末就已经渐渐传入，到西晋时期开始繁荣，重要经典得到较大规模的翻译，《般若经》产生了重要影响。西晋覆灭后，动荡不已的北方地区更造就了佛教的进一步传化，在翻译、义解、求经、传教方面出现了很多大师，寺院兴隆、信众广大，教团组织、制度也进一步规范。晋室南迁，佛教又向南方地区展开，贵族士人普遍尊崇佛教，东晋中期以襄阳为活动中心的道安教团和东晋后期以庐山为活动中心的慧远教团，在义理建设上做出了杰出的贡献，使大乘佛教开始真正结合中国思想并最终扎下根来。佛教对道教的刺激表现在两个方面：一是道教建设者们特别是参与义理化提升的知识分子，努力模仿佛教而构建道教自身的义理、经典及组织系统；二是道教出于生存和发展的需要，欲图超越佛教而获得更多资源。两方面的刺激既催生了道教的"形成"与整合，也导致了在精英阶层出现论争。这一论争到南北朝时期臻至高潮，并在一定程度上波及政治。

魏晋时期，汉代以来儒学一尊的情形被打破，形成思想多元的格局，因而在各个方面都有所创造。其中，当时流行的玄学对道家哲学又有新的发展，如何晏、王弼充分发挥《老子》思想，以"无"为万有之本体，推崇"无名"，主张"道合自然"；又以"自然"为本、"名教"为末，力主"崇本息末"。向秀、郭象则对《庄子》"各足其性""任其自得"加以申发，提出"玄同彼我，泯然与天下为一"的终极追求。而嵇康以"天地合德，万物贵生，寒暑代往，五行以成"的自然观进一步丰富了养生理论，佐证了"与羡门比寿、王乔争年"的成仙可能性。同时，魏晋士人普遍尊崇任性自然，力求摆脱世俗拘缚，饮酒服药，不拘细行，对逍遥游放、脱离生死的神仙表现出强烈的尊奉和向往，发展出一种前所未有的自由精神。凡此种种，均成为此后新的神仙道教的理论基础,也一直是中古以后道教义理化的重要资源。

晋室南渡以后的新局面 西晋灭亡,南北分裂。乱世之际,本是宗教勃兴之时,佛教既已加速传化,诸多本土创生宗教因素也开始出现融合、改革与创新,发展出了一个新的局面。新局面下的种种新元素,相对于旧有直接来源,都是某种意义上的"新生宗教"。为区别于此前的道教元素,我们姑称之为"新道教"。

在北方,西晋时期五斗米道余众散布中原各地,依托三张"天师",尊奉"正一盟威之道",同时结合固有的民间信仰,又有新的发展。西晋灭亡,鲜卑拓跋氏建立北魏,诸多原本分散的创生宗教教团开始出现重新聚合、复兴的趋势。在此情形下,一位宗教改革家寇谦之出现在历史舞台之上。寇谦之(365—448),字辅真,祖籍上谷昌平(今属北京),后迁居冯翊万年(今陕西临潼北),自称是东汉功臣寇恂的十三世孙。寇谦之因为早年修习过张鲁道术,并在嵩山倾心修炼数载,声名渐著,具备了成为新教主的条件。神瑞二年(415)十月,寇谦之宣称太上老君乘云驾龙,"导从百灵仙人玉女、左右侍卫集止山顶",亲授其"天师之位",赐《云中音诵新科之戒》二十卷,令他"清整道教,除去三张伪法、租米钱税及男女合气之术",并要求"专以礼度为首,而加之以服食闭炼",使十二仙人授以"服气导引口诀之法"。八年以后,寇谦之又宣称太上老君的玄孙降临嵩山,亲授《录图真经》六十余卷,又赐以劾召鬼神及其他秘法,并嘱其辅佐北方"泰平真君"。此"泰平真君"即暗指北魏太武帝拓跋焘。经过一系列的铺垫,到了始光年中,寇谦之亲赴北魏都城献道书于太武帝,同时得到北魏重臣崔浩的帮助,在平城东南建立新道场,"重坛五层,遵其新经之制"。太延末年,北魏太武帝听从寇谦之的进言,改年号为"太平真君",并亲至道坛受箓,封寇谦之为国师。

寇谦之虽托于老君降世而自命教主,但有意识地摒弃了救世运动的暴力本色和三张五斗米道的巫鬼因素,创撰新经典,取法佛教而强调"礼度"的宗教义理和"服食闭炼"的实践方法,建立规范化的礼仪规戒,接受政治的管理,努力和世俗伦理相结合,可以说达成了对创生宗教的改革和义理化提升。改革后的北方新道教在北朝时期影响持续扩大,同时也与南方新宗教及其经文存在某种程度上的互动。不过,其在公元6世纪南北道教的最终整合中并不处于主导地位。

在南方,本土信仰原以各种萨满巫道为特色,鬼神祭祀极盛行,同时颇多民间普遍流行的以崇尚符箓为标志的禁咒厌胜禳祓之术,如"灵宝""三皇"的最原始形态,就是这一类符、咒。南方的神仙信仰也一直颇为发达,服食、炼气、解化之术都渊源深厚。晋室南渡,汉末以来的各地创生宗教特别是三张五斗米道等影响较大的救世运动余绪随着大批流民被带入,加之佛教的普遍流行,南方的种种宗教元素出现新的动向,最终形成了一个新的局面。

南方本土宗教新局面出现的最大契机及其特色是士人的参与。早期起到关键作用的是葛洪家族。葛洪,字稚川,原籍山东琅琊,东汉时即已南渡家于句容,属于较早南来的士族之一。葛洪祖父葛系,三国吴时历任显职,封寿县侯。从祖葛玄,字孝先,学通古今,好修炼,有奇技仙术。据葛洪所编《神仙传》透露的消息,葛玄修道事迹有两方面非常显著,第一是"遁迹名山,参访异人,服饵艺术,从仙人左慈,受《九丹金液仙经》",即修行神仙道并颇有创获。葛玄之所以成为南方神仙道昌兴的关键人物,享有极高的地位,后来被新道教尊为"葛仙公"、"太极左仙翁",主要就是这个原因。第二是"勤奉斋科,感老君与太极真人,降于天台山,授玄《灵宝》等经三十六卷",这实际上就是对民间"灵宝"信仰有整理、规范之功。古灵宝经的一大部分都被归入到他的名下,其故在此。葛玄不仅奠定了"葛氏道"的信仰传统,而且杖履四处、弟子众多,开创了一个修道集团,在很长的一段时间里都非常活跃。

葛洪青年时期在接受传统儒家教育的同时,又拜其从父葛玄弟子郑隐为师,从习神仙之学。永嘉六年前后娶著名的修道之士南海太守鲍靓之女为妻,从此开始潜心修道。其后大部分时间里,虽屡被征辟,葛洪大都推辞不就,隐居山中,钻研仙术,进行炼丹实践,并从事著述。葛洪虽然是一个挚诚的神仙论者,但严格来说并不是一个宗教徒,仍然保持了较为严谨的儒家立场。葛洪思想、行为的核心,是秉持实用理性的态度,坚信可以通过技术手段实现长生不死,所以一生都在追求以丹鼎为主的实践方法,并排斥、批判各种"坐在立亡,变形易貌,诳眩黎庶,纠合群愚"(《抱朴子内篇·道意》)的民间"妖道"。葛洪生活在西晋武帝至东晋哀帝期间,身处于道教酝酿形成的重要阶段,因此在集神仙理论之大成的同时,对南方神仙道教的种种早期渊源也有重要的整理创辟之功,包括收集、传授早期道经、汇合各种方术,编纂得道者传记等,客观上成为稍后出现的南方新兴道教的重要基础。

西晋灭亡,晋室南渡建立东晋王朝,客观上造成了大范围的文化融合。其中的首要原因是大规模的移民,"洛京倾覆,中州士女避乱江左者十六七"(《晋书》卷六十五)。包括佛教、北方道教,玄学及传统儒学等学术思想,都影响传播到南方,并与南方的固有因素发生交汇。南方文化相对比较落后，此种交流自然使落后的一方得到刺激，从而产生变革。当然，社会的变化也带来新的矛盾，在南方比较典型就是赋役沉重而形成的严重的阶级剥削。在这种社会态势下，利用民间宗教揭竿而起的暴动开始出现。而统治者为维护政权的稳固，亦必加强对民间宗教的改革力度，两种相反的原因形成了一种共同的趋势。就总体上的道教而言，从东晋建立到南北朝，一大批新道派相继出现，并促使道教发生了普遍性的整合。其中最显著的，就是南方新神仙道教"灵宝"和"上清"两系。

"灵宝"一系的原始渊源是在南方流行的某种古老的"泛生论"信仰，其核心相信天地间存在某种具有超自然神力的宝符，可以却灾除殃、拯救危亡。两晋之际，一批南方士人在继承这一民间信仰的基础上，吸收佛教的劫运、拯救观念，并大量借用了大乘佛教的名词概念和叙述风格，围绕着灵宝秘符创撰了一系列神谕式的经文，从而发展出灵宝新道教。灵宝一系的特色是构造了新的主神"元始天尊"，具有较为强烈的救世思想而与独自成仙的个人拯救有所区别，可以说是一种极具大众性的创生宗教派别。

灵宝的民间宗教本色使它的发展趋势和最后结果无疑更具有流行性。敦煌遗书中之所以保存有较多南北朝至隋唐之际的灵宝经，也正是由于它较为通俗，因此被更多信众信奉并转读、抄写。由于灵宝思想的群众性，所以尊奉灵宝经的信众发展出更制度化、系统化的教团组织和礼仪制度。

如果说灵宝尚以民间渊源为主流，并多采佛教资源的话，上清道教则更多地体现出一种士人的"独创"。

晋室南渡，一位中下贵族夫人魏华存及其领导的女性秘密隐修团体也随之来到了当时建邺附近的茅山地区。此地本具有较为浓厚的方仙道氛围，传说中飞升上仙的"三茅"信仰十分流行，一大批自东汉末年就移居南方的中下士人家族如许氏、华氏、陶氏等亦世代信奉，具有强烈的修道观念。魏华存团体发展了一位具有"通灵"能力的年轻人杨羲，利用他作为"灵媒"，以萨满教式神灵附体、冥想受启等方法，成功地吸收了许氏家族（以许谧、许翙父子为中心）入道，共同创造出上清新神仙道教。

"上清"一系是南方新道教的典型代表，也是最具六朝时期南方地域文化特性及南方神仙道教特质的道教历史形态。首先，上清系道教本身也是融汇与整合的产物，它吸收了早期神仙道教的众多元素，并与灵宝系相互融通。其次，上清系作为士人参与整合而产生的新道教形式，在精英思想与民俗传统两方面都有相当程度的反映，并直接影响了后期道教思想义理与方法实践等很多方面。最后，上清系在继承的基础上发展出了一个义理化程度甚高的经典系统。其中，以陶弘景整理的《真诰》最具有宗教"启示录"的属性。

上清系是一种精致化的士人宗教，它以绝对高尚的仙真境界和终极真理为追求目标，以对"仙真口授"的接受与理解作为入道之门与进阶之证。只有积累功德、精进不止并由此名登仙籍的人，才能懂得并实践这一至妙上道。上清系重新构造了一个新型的人神关系。它由南方萨满巫术而来，吸收了此前的有关神话遗存和通俗信仰，并得到了义理化的提升，既保持了一些"歌舞降神"之类的"巫术—宗教"仪式化因素，又更多地展现了士人们的精神追求。"人神交接"已不再是控制事物的巫术手段，而演化成一种救赎与解脱的理想表现。上清系反对在"三元八会之书"以外，生造"流尸浊文淫僻之字"。它崇尚真理的垂象，强调契悟，而不是流于文字或其他形式。由此，上清的根本实践方法便是与这种高妙之象极相契合的存思与冥想，服食、修炼等不过为辅助之术。所谓"存思",是一种灵动的精神观照,是以心灵为主体涵融内外的生动、鲜活和永不停息的、迷幻而又不失真实的想象。存想的意义不仅仅是后世内丹思想的源泉,更重要的是它使得道教意趣进入士人的精神生活成为完全的可能。[①]

晋宋之际,南方新神仙道教的兴盛以及和其他道教元素的进一步融合,开始出现整理自身的需要。从宋到梁,以陆修静、陶弘景为代表的入道者和向道者对南方新神仙道教进行了整理、改革和义理化提升。

陆修静(406—477),字元德,吴兴(今浙江吴兴)人,出身于南方贵族,是三国时东吴丞相陆凯后裔。自少修习儒学,成年后则喜好清静养生之术,先是赴云梦山隐居修道,后来则云游名山,访求仙踪,广搜道书。元嘉三十年(453),宋文帝命左仆射徐湛之请他入宫讲道。后避太初之难,陆修静离京南游,于大明五年(461)在庐山东南建立道馆,隐居修道。宋明帝泰始三年(467),应诏再赴建康,居于明帝专为其构筑的崇虚馆。当时,南方新神仙道教的造经活动已颇有成果,陆修静经过长期收集已获得了其中的绝大多数经文,包括经、戒、符、图等共一千一百余卷。遂予校刊整理,并在前有的基础上正式确立"三洞"(洞真、洞玄、洞神)的三分体系,于泰始七年(471)编定《三洞经书目录》。此外,陆修静"祖述三张,弘衍二葛",对整体道教亦做了很多理论上的整合工作,"大敞法门,深弘典奥。朝野注意,道俗归心。道教之兴,于此为盛。"(《三洞珠囊》卷二引《道学传》)

陆修静最重要的观念,是主张修道应重斋戒,认为只有

---

① 参阅赵益:《六朝南方神仙道教与文学》,上海古籍出版社,2006年,第168—169页。

以洗心洁行为基本,方能行善止恶,修成至道。所谓斋戒,就是洁诚身心以谢罪悔过、虔诚礼拜,是所有宗教都具备的神圣仪式。陆修静完美地构建了斋戒的义理内核,同时更加注重具体的仪规建设,编撰了斋戒仪范类道经百余卷,使道教最重要的神圣仪礼——斋戒的仪式程序、仪式规范得到了初步统一和完备。

陶弘景(456—530)字通明,后谥贞白先生,丹阳秣陵(今江苏南京)人。出身于南方士族,其七世祖陶浚为吴镇南将军、封句容侯。弘景于弱冠之龄即被时任刘宋相国的齐高帝引为诸王侍读,定期参加朝会。永明二年,三十六岁的陶弘景上表辞禄隐居茅山,梁武帝即位后多次礼请,朝廷每有大事亦往咨询,弘景虽坚不出山,但常以书信应答,被当时人称为"山中宰相",属于那种隐居不出但与政治始终关联的精英士子典型。

陶弘景独禀异操,具有多方面的才能,善琴棋,工书法,尚奇异,通博物,勤于读书,明晓天文历法、阴阳五行、风角星算、山川地理、方图产物、医术本草,是一位百科全书式的全才。陶弘景秉承家传信仰,自幼即好神仙养生,隐于茅山后自号华阳隐居,从东阳孙游岳受符图经法,遍历名山,寻访仙药,搜寻道经,擅长辟谷导引,并能亲炼丹药。但陶弘景同时亦倾心佛教,"恒读佛经"。曾因做梦佛授其菩提,记名为"胜力菩萨",于是亲赴郯县阿育王塔自誓,受五大戒。由于这个缘故,陶弘景主张道、儒、释合流,并在理论上进行糅合。

陶弘景对南方新神仙道教特别是上清系的整理传扬居功甚伟,主要体现在三个方面:

一是收集整理上清创教时期的"真人口授"并予以发扬。上清内史记载曰:大约从东晋兴宁三年(365)六月份开始,有众多的仙真下降至一位有通灵之质的年轻人杨羲的馆舍,向他口授了许多修真的要旨,委托他用世间文字记录下来,传达给殷勤向道并有志修真上仙的句容人许谧、许翙父子。当杨羲将笔录传示给许氏父子后,后者又做了一些转抄,并在修道的过程中不断通过灵媒杨羲向仙真们询问,彼此的问答同样由杨羲书写传递,由此就形成了一批由杨、许手书的真人口授。这些为上清信教者尊奉的真人诰语,实质上是上清创教者的启示录式作品,具有"先知语录"的性质。由于上清教法在陆修静之后的一段时间里颇有沉沦,以及天启文字往往秘不外显的原因,杨羲、许氏父子的这些手书,经过许氏后人及众多向道者之手后,大有散佚。陶弘景于宋永明三年(485)游茅山,始获杨、许手书,此后就开始搜访,并同时开始整理、校订、注释,于齐永元元年(499)编成《真诰》。

《真诰》是最能反映上清创教者思想观念的文献。就其内容来看,《真诰》综合了源远流长的神仙信仰,并在葛洪的基础上予以义理化改造,使其上升为一种成熟的宗教思想。在其他因素方面,则吸收了东方滨海地区的传统信仰,接受了北方传入的"五斗米道—正一盟威天师之道"的众多元素,同时采录了同时并起的灵宝系、三皇系内容,更汲取了较多的佛教理论元素。《真诰》进一步交待了上清创教渊源、神灵谱系,构建了天堂与地狱结构,同时结合对有关经典的介绍与阐释,完善了上清道教的框架与内涵。《真诰》是中国式的"启示录",具有"先知文学"以及"预言文学"的种种特征,比如戏剧化的人神交接场景,多样化的占卜、预言与神谕,大量的神圣诗歌与赞美诗歌,神话和寓言故事,体现出丰富的象征和隐喻,对后世产生了重大影响。

二是整理统合神祇体系。南方新神仙道教开始就是一个包容体,所以在整合中对神灵谱系进行义理化的整理是十分迫切的任务。陶弘景按照"阶业不同,高卑有制"的原则编纂了《真灵位业图》,大致按天神、地仙、鬼官分为从上到下七个等级,每个等级有"中位"主神和"左位""右位"辅神。严格而论,在最高一级以下的神灵等级安排上,《真灵位业图》并没有体现出严谨的内在逻辑,这可能是今存本有所淆乱的缘故,也可能源自陶弘景的独特倾向,因为他在总体上把上清系的仙真包括得道者杨羲、许氏父子都放置在较高的等级上,突出表现了对上清系的尊奉。

三是在神仙道教的方法实践上颇有创辟,特别是在养生、修炼领域创获甚多。尽管陶弘景的宗教思想远较葛洪浓厚,但注重通过"技术"道路实现灵肉不死的思想原则与葛洪并无二致。在他的著述中,有很多是关于医药、养生及服气导引、辟谷、炼化、金丹、剑解等修炼之术的专书,都是迄于当时为止的道教实践方法的集大成之作。陶弘景的相关著作虽然大多亡佚,只有《养生延命录》《登真隐诀》残存至今,但可以肯定的是,相关内容都应该被唐宋的道教修炼学说消化吸收。

新道教兴起以后,在整理的同时,道教精英分子的思想也相应出现了新的动向,其中最重要的是一种以"三天正道"取代"六天故气"的宗教变革主张,南朝宋时的《三天内解经》集中反映出这一观念。在此一新观念中,复兴的和光辉的时代"三天"必然要取代过去的和堕落的时代"六天","正道"战胜"故气",从而使"无为大道""清约大道""佛道"三道皆"大归于真道"。尽管"无为大道""清约大道"的具体所指并不明朗,同时也极有可能是《三天内解经》作者个人的某种虚拟性概念,但"三天正道"取代"六天故气"明显是新道教兴起和义理化提升的思想反映,并无疑义。

与新道教兴起同步出现的是一场浩大而普遍的"造经运

动"。文明时代的创生型宗教,都是从造经起步的。以上所述南方新道教的种种创获,同样在很大程度上是通过编制大量的经文而体现出来的。造经运动使新道教至少在形式上呈现出浓厚的"经文宗教"特征,奠定了道教整合、形成的重要基础。

经文的造作与衍生:经、经群、经系　当时已经存在的经典主要是《太平经》和老子《道德经》,此外就是零散的方伎之书。炼丹类经文渊源古老,也自成一系。这些经典当然始终发生着影响,但已明显不能适应新道教的需要。

新的宗教经文的创制与宗教的普及和义理化紧密相关。早期太平道、三张五斗米道、正一盟威之道等,如果需要扩大影响并进行义理创建,都需要构建经文。寇谦之北方新道教和南方新道教也不例外。就义理建设而言,南方新道教创获最丰,所以在经文创撰方面也就更为突出。

最早出现的是一些核心经典,三皇经是"三皇文",灵宝经可能是"五篇真文"或"灵宝五符",上清经是"大洞真经三十九章"。这些经文内容单一,字数也不多,灵宝经之"本源"部分为一千一百零九字①,"大洞真经三十九章"最初可能仅为三十九神名,而"三皇文"原来也并没有三卷之多。随着东晋初造经运动的展开,这些核心经典不仅本身有孳乳,同时又逐渐形成以其为中心的"经群":三皇经形成"大有篆图天皇内文""大有篆图地皇内文""大有篆图人皇内文"三卷,灵宝经形成"十部妙经"二十一卷,上清经形成以《大洞真经三十九章》为中心的"上清大洞真经"三十一卷。除此三大"经群"以外,古老的"正一盟威"系统和公元 5—6 世纪产生的

---

① 敦煌遗书 P2861v+P2256。此据《灵宝经义疏》(拟),《中华道藏》第五册,华夏出版社。

"神咒经""升玄经"也形成了各自的经群。

造经运动的深入出现在东晋中期以后。士人的参与和义理化提升是南方新道教兴盛的关键契机,当然也是敷演或新创经典的直接动力。先有葛氏家族的葛巢甫新构灵宝经,继有一位普通的士人王灵期新撰上清经,再加上一些无名作者的贡献,使南方新道教的两大经群得到了前所未有的扩展。"三皇文"本是南方影响最大的古老符图,因此其经群也在不断滋蔓,最终和"灵宝""上清"共同形成了"经系"。经系的构成,除了旧有的经、经群以外,还主要增加了新的符箓以及相关仪规、口诀、戒律、方法等新经文。陆修静在整理由三大经系形成的"三洞"经典时,根据灵宝经的内容将其分为十二种类型,此后又被用作整个"三洞"的分类体系。十二种类型称为"十二部",即:本文、神符、玉诀、灵图、谱录、戒律、威仪、方法、众术、记传、赞颂、表奏(后作"章表")。"十二部"是一种以体式为主,兼顾内容主旨的分类,就分类本身来说是较为符合道经实际的,因此也可视为当时整体道经的类型概括。

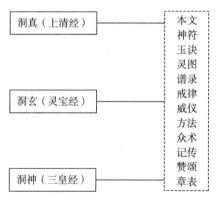

道教的整合与"形成" 道教的整合以经典的整合(或曰经藏体系的形成)为主要表现。

在陆修静"总括三洞"、编纂《三洞经书目录》之前,"三洞"的概念就已经形成。其中的原委十分复杂,简单地说,"三洞"是南方新道教在佛教的刺激下,以上清系为主导,根据南方新道教"造经运动"的成果并模仿佛教经藏上中下"三乘"而建构出来的经藏体系观念。"三洞"是南方新道教兴起的重要标志。

但是"三洞"无法反映整体道教形成的历史实际,也不能符合道教进一步整合的需要,因为之前的老子《道德经》经系(主要以解释、注解著作构成),以及《太平经》、正一经经系和金丹诸经,无法在"三洞"中得到涵括。更重要的是,同样出现在"三洞"之前,并且是道教形成的最根本基础、对南方新道教产生过重大影响、自身始终处于不断发展中的"五斗米道—正一盟威"系统的经文,其地位未能得到合理的安排。于是,在整合趋于深入的公元6世纪初,"四辅"出现了。

"四辅"就是另设四部:太玄、太平、太清、正一,"太玄"为老子《道德经》以下诸经,"太平"为《太平经》经系,"太清"为金丹诸经,"正一"为正一经经系。四部以"辅翼"三洞的身份加入:"太玄"辅"洞真","太平"辅"洞玄","太清"辅"洞神","正一"通贯七部。于是,老子《道德经》经系、《太平经》经系及金丹诸经均被纳入到经藏体系中,而"正一经"更是得到了一种"补偿":虽然为"四辅"之一,但却是"宗道德,崇三洞,遍陈三乘"(《道教义枢》七部义引《正一经图科戒品》)并"总括三洞"。"四辅"的加入,是道教义理建设者们的一个妥协式的处理,标志着道教形式整合的初步完成,也可以说是道教"形成"的首要表征。

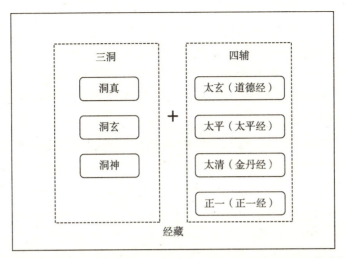

教团的组织化、制度化也是整合的重要表现。早期创生宗教如太平道、五斗米道等都实行政教合一的制度以便发动救世起义，但这显然不被世俗政治所容许。其他民间宗教往往是聚众乡社，不免流于松散。而以士人为主的上清新教，则采取秘密结社的隐修形式，也不敷流布壮大的需要。于是，新道教在整合中吸收了三张五斗米道的"治"和"静室"，同时模仿了佛教寺庙制度，构建出自身的教团形式——道馆，并从陆修静开始逐渐建立出家入馆修道的独立教团制度。北方则称为"观"，与"馆"取义不同，但性质大抵相似。唐代以后，则统称道教修行之所曰"观"，大者则称为"宫"。①

仪式特别是仪式程序和仪式规范的整理与构建同样是道教整合的表现之一。在整理方面，新道教对原始宗教遗存元素如萨满请神下凡以及创生宗教的首过忏悔等，都开始予以一定程度的清理。在构建方面，上清系因为秘密传授的性质，注重传经仪式的规范；灵宝系由于其富于民间宗

---

① 陈国符：《道藏源流考》，中华书局，1963年，第268页。

教本色的特点,则强调祭祀仪式特别是斋戒。灵宝仪式对后世影响很大,陆修静所整理完成的灵宝科仪至今仍是所有道教仪式的基本结构。[①]

　　总体上,道教的整合以形式体系而不是内容体系为主,在教理、神谱、方法上也有整合,但并不明显,此方面的工作从唐代开始,到了宋代方告一段落。需要指出的是,因为道教始终处于丛生之中,"整合"总是相对的,不可能有一个最终的结果。

汉至南北朝道教的来源与发展

道教的各种因素	各种宗教救世运动	太平道	太平系		融合	太平系	新整合
		五斗米道	张鲁及其后裔之道正一系			北方新天师道	
			东方滨海地区及北方地区固有信仰				
	各地神仙鬼道	各地民间信仰	各种南方新神仙道			上清系	
						灵宝系	
						其他	
			其他	葛氏道			
				李家道		其他	
				楼观道			
				帛家道			

(表注:纵向每栏是相互影响关系;横向每栏是接近的传承关系)

---

① [法]索安:《西方道教研究编年史》,吕鹏志等译,中华书局,2002年,第25页。

　　南方新神仙道教的兴盛和道教的整合,使得同时汲汲于普化并争取精英传统和世俗政治支持的佛教感受到异教的压力,开始予以强烈的批判。道教方面也进行反击,典型代表是顾欢。顾欢,南朝宋、齐时吴郡盐官(今浙江海宁境内)人,字景怡,一字玄平。他少贫早孤,笃志好学,隐遁不仕,于天台山开馆授徒,受业者常近百人。齐高帝辅政时尝征为扬州主簿,齐武帝永明元年(483)征为太学博士,俱辞不就。顾欢是当时有名的修道者,曾参与上清经和杨、许手书的收集整理。宋齐之际,佛、道之间互相非毁已颇为激烈,顾欢为此撰《夷夏论》,表面主张"道则佛也,佛则道也"并各有优劣,实则认为佛、道有夷、夏之别,而儒、道出于一宗,反对"露首偏踞,滥用夷礼"。《夷夏论》不仅第一次出现了与"佛教"并列的"道教"一词,也首开精英思想界"三教论衡"的先河。

原典阅读

《太平经》选

《太平经》卷三十七《五事解承负法》第四十八

【解题】

《太平经》之出现，史实不明。先是西汉成帝时齐人甘忠可作《天官历包元太平经》十二卷，最早出现"太平经"之称，但是否与后世《太平经》有关，不得而知。此后东汉顺帝时，琅邪人宫崇诣阙上其师干吉所得神书百七十卷，未被采用；后襄楷复上，仍不为桓帝所动，但由此渐为世人所知。宫崇所上干吉之书，称为《太平清领书》，当即后世道教之《太平经》。原书一百七十卷，今《道藏》尚存五十七卷。另有唐人间丘方远节录而成之《太平经钞》，分甲至癸十部。据当代学者王明研究，其中"甲部"是伪书，乃后人窃晚出道书伪补而成。整体而言，《太平经》应成于众手，历时颇久，真伪参半，内容庞杂，既继承阴阳五行和道家之说，又吸收图谶和神仙方术，亦杂有巫觋之论，思想义旨主要是宣扬善恶报应，主张神道设教，以实现太平世道为理想目标。

《太平经》提出有"承负"之说，主旨是罪过必将为犯罪者所承负，从而受到报应。"承负说"是中国古代"积善余庆，积恶余殃"观念的发展，后来和佛教"轮回报应"之说融为一体。此处即选择关于"承负"说的一段文字加以注释，原文据王明《太平经合校》，注释则参考了杨寄林译注《太平经》（中华书局，2013）。

【原文】

蔽暗弟子再拜言："夫大贤见师说一面，知四面之说；小贤见师说一负，知四负之说，故易为说也。其愚暗蔽顿之人，不事见为说之，犹复心怀疑，故敢具问天师。师既为皇天解承负之仇，为后土解承负之殃，为帝王解承负之厄，为百姓解承负之过，为万二千物解承负之责。"又言："下愚弟子乃为天问事，不敢不冒过悉道之。愿具闻其意何等也？"

"平言。"

"今帝王人民有承负，凡事亦皆自有承负耶？"

"善哉，子为天问事，诚详且谨。"

"今每与天师对会，常言弟子乃为天问疑事，故敢不详也。"

"善哉，子有谨良之意，且可属事行。今子乐欲令吾悉具说之耶？不惜难之也。但恐太文，难为才用，具说天下承负，乃千万字尚少也，难胜。既为子举其凡纲，令使众贤可共意，而尽得其意，与券书无异也。"

"唯天师语。"

"明开两耳，安坐定心听。"

"唯唯。"

"然，天地生凡物，无德而伤之。天下云乱，家贫不足，老弱饥寒，县官无收，仓库更空。此过乃本在地伤物，而人反承负之。一大凡事解，未复更明听。

"今一师说，教十弟子，其师说邪不实，十弟子复行各为十人说，已百人伪说矣；百人复行各为十人说，已千人邪说矣；千人各教十人，万人邪说矣；万人四面俱言，天下邪说。又言者大众，多传相征，不可反也，因以为常说。此本由一人失说实，乃反都使此凡人失说实核，以乱天正文，因而移风易俗，天下以为大病，而不能相禁止，其后者剧，此即承负之厄也，非后人之过明矣。后世不知其所由来者远，反以责时人，故重相冤也；复为结气不除，日益剧甚①。故凡二事解，真人复更明听。

"令一人为大欺于都市中，四面行于市中，大言地且陷成涵水，垂泣且言；一市中人归道之，万家知之，老弱大小四面行言，天下俱得知之，乃使天下欺，后者增益之，其远者尤剧。是本由一人言，是即承负空虚言之责也，后人何过乎？反以过时人。三事解，然真人复更明听。

"夫南山有大木，广纵覆地数百步，其本茎一也。上有无訾之枝叶实，其下根不坚持地，而为大风雨所伤，其上亿亿枝叶实悉伤死亡，此即万物草木之承负大过也。其过在本不在末，而反罪末曾不冤结耶②？今是末无过，无故被流灾得死亡。夫承负之责如此矣，宁可罪后生耶？四事解，然真人复更明听。

"南山有毒气，其山不善闭藏，春南风与风气俱行，乃蔽日月，天下被其咎，伤死者积众多。此本独南山发泄气，何故反使天下人承负得病死焉？时人反言犹恶，故天则杀汝，以过其人，曾不冤乎哉？此人无过，反承负得此灾，魂神自冤，生人复就过责之，其气冤结上动天，其咎本在山有恶气风，持来承负之责如此矣。五事解，然真人复更危坐，详听吾言。

"本道常正③，不邪伪欺人。人但座先人君王人师父教化小小失正，失正言，失自养之正道，遂相效学，后生者日益剧，其故为此。积久传相教，俱不得其实，天下悉邪，不能相禁

---

① 本句的意思是：后世人不知灾厄由来甚远，反而谴责当时的人，所以再次结怨，又结成难除的怨气，承负的灾厄日益加剧。

② 冤结：冤气郁结。本句的意思是：罪过在根不在枝叶，却反而去怪罪枝叶，这难道不会令冤气郁结吗？

③ 本道常正：本原之道，常守正直。此指《太平经》所宣扬的义理，区别于其他邪说。

止。故灾变万种兴起，不可胜纪，此所由来者积久复久。愚人无知，反以过时君，以责时人，曾不重被冤结耶？

"天下悉邪，不能自知。帝王一人，虽有万人之德，独能如是何①？然今人行，岂有解耶？若食尽欲得之，而病人独不能食，乃到于死亡，岂有解耶？今交阴阳，相得尽乐。有子孙祭神求吉，而自若不能生子，岂有解耶？夫人生尽乐好善而巨壮，而固反不肖且恶，岂有解耶②？此尽承负之大效也。反以责时人，故不能平其治也。时人传受邪伪久，安能卒自改正乎哉？遂从是常冤。因为是连久，天怜之。故上皇道应元气而下也，子勿怪之也③。

"'以何为初？以思守一'，何也？一者，数之始也；一者，生之道也；一者，元气所起也；一者，天之纲纪也。故使守思一，从上更下也。夫万物凡事，过于大末，不反本者，殊迷不解，故更反本也。"

《大道家令戒》选

【解题】

《大道家令戒》，载《道藏》本《正一法文天师教诫科经》(18.232)，是公认为较早的北方正一系经文。选文第一段述道之化身"老君"降世，授张道陵为天师、造"正一盟威之道"并立二十四治。选文第二段通过宣扬末世以劝喻种民念道

---

① 本句的意思是：帝王一个人，即便具备一万人的德行，又能有何作为呢？

② 本句的意思是：世人都喜爱容貌昳丽、身强体健的人，但自己却天生无才无德、长相丑陋，这有解除的办法吗？

③ 上皇道：犹言至道，即最高之道。本句的意思是：鉴于这样的状况已经存在很久，皇天哀怜世人，所以至高之道便应和元气降临世间，你对此不要有所惊怪。

向善,从而度脱厄难。两段文字均表现出创生宗教救世运动的显著特征。

【原文】

汉世既定,末嗣纵横,民人趣利,强弱忿争,道伤民命,一去难还,故使天授气治民,曰新出老君①。言鬼者何?人但畏鬼不信道,故老君授与张道陵为天师,至尊至神,而乃为人之师,汝曹辈足可知之,为尊于天地也②。而故冈冈,日一日,月一月,岁一岁,贪纵口腹,放恣耳目,不信道,死者万数,可不痛哉③!道以汉安元年五月一日,于蜀郡临邛县渠停赤石城造出正一盟威之道,与天地券要,立二十四治,分布玄元始气治民。

欲朝当先暮,欲太平当先乱。人恶不能除,当先兵、病、水、旱、死。汝曹薄命,正当与此相遇④。虽然,吉人无咎。昔时为道,以备今来耳⑤。未至太平而死,子孙当蒙天恩。下世浮薄,持心不坚,新故民户,见世知变,便能改心为善⑥。行仁义,则

① 汉世:汉朝。末嗣:后代。道:这里所谓"道",指道教的"大道",有时指拟人化的最高神格,或老子的化身。授气治民:大道降下"气",用来治理民众。新出老君:按照道教的说法,"道"的化身老子已经西走,而此时又受大道之命重新降临汉地,故称为"新出老君"。

② 本句的意思是:为什么要借鬼言事?这是因为人们只惧怕鬼而不信奉道,所以老君授命张道陵为天师,天师至高无上、神通无极,成为世人的师尊。

③ 本句的意思是:然而你们常处于混沌迷蒙的状态,日复一日、月复一月、年复一年,放纵口腹之欲,贪恋声色之娱,不笃信道,导致死者数以万计,难道还不惨痛吗!

④ 本句的意思是:欲得朝日,须先度过黄昏;欲享太平,须先经历祸乱。人间的邪恶尚不能除尽,须先承受战争、疫病、洪涝、干旱、死亡。你们命运不幸,正好遭逢这时节。

⑤ 吉人:受神庇佑的良善之人,这里专指精诚修道之人。本句的意思是:尽管如此,吉善之人必会远离灾厄。从前修道,就是为现在作防备而已。

⑥ 下世:近世。本句的意思是:近世以来世风轻浮,人们意志不坚,新老信众见此世态、明此世变,便能改心从善。

善矣，可见太平，度脱厄难之中，为后世种民①。虽有兵、病、水、害之灾，临危无咎。故日道也，子念道，道念子；子不念道，道不念子也。故民诸职男女，汝曹辈庄事修身洁己，念师奉道。世薄乃尔，夫妇、父子、室家相守当能久，而不能相承事清、贞孝、顺道、敬师、礼鬼、从神乎②！

"灵宝经"选

一

【解题】

本段采自《道藏》本《太上灵宝五符序》卷下。《太上灵宝五符序》是较早的灵宝系经文之一，主要内容是围绕着"灵宝五符"展开论述，大约形成于东晋初，并经历了一个不断增添的过程。所谓"灵宝五符"，即早期"灵宝"一派所尊奉的五种符。本段文字对"灵符"的重要性和隐秘性进行了阐论。

【原文】

夫天书焕妙，幽畅微著，至音希声，陈而不烦③。是以西

---

① 种民：被大道认可的忠实信众。本句的意思是：施行仁义，即可得见太平，度过灾厄，脱离苦难，成为后代真正的信众。

② 本句的意思是：世道如此昏乱，夫妇、父子、家族既然能递相坚守以保长久，难道不能递相传承，从事清静之道、笃守贞孝、顺从道义、敬奉天师、礼侍鬼道、从于神灵吗？

③ 焕妙：光明而玄妙。本句意思是：天书光明而玄妙，昭显隐晦、著明微旨，如同难于听闻的至上高妙之声，却又条列井然，毫不烦冗。

吾之刃，虽十寸而割玉；流星之金，虽纤介而彻视①。徒才大者用遍，有物细者用备，岂非灵宝五符，其由是乎②？圣人演天地之文，而敷言数万，葩龙凤之形，畅动物者百篇③。发山林八会之迹，为日用之务，成渊分之名④。草木和仙通神，悟性命之无期，以致营溉，必有伦乎。唯至道而贵其契，真人而仰其文矣。⑤

……灵符之妙，寔由高圣之所宗，上哲之所佩，真人之所贵。灵仙之赞味玄澹，而朗其采色，天神而校其对也⑥。其服御日月星辰，八气五元⑦，身体草木之方，当是五符下流，通泗

---

① 西吾之刃：西方昆吾山所产的利刃，《山海经·中山经》："又西二百里曰昆吾之山，其上多赤铜。"郭璞注："此山出名铜，色赤如火，以之作刃，切玉如割泥也。"本句的意思是：西方昆吾山所产的利刃，虽仅有十寸，但切玉如泥；流星划过天空的金光，虽然纤细微小，却无人不能看到。

② 本句的意思是：才华出众者发挥其广泛之能，察物细密者实展现其周备之功，"灵宝五符"不就是这样吗？

③ 葩龙凤之形：葩，本指花，此外指形成华丽的形状。龙凤，即"龙章凤篆"，道教指以云篆化成的符图经文，笔画形似龙凤，故名。本句的意思是：圣人将天地中的龙章凤篆，演绎敷陈为数百千万通达施用于万物的经典。

④ 八会：指宇宙初判，阴阳二气布成的天书经文，常称"三元八会"。《云笈七签》"道教所起"条云："寻道家经诰，起自三元，从本降迹，成于五德，以三就五，乃成八会。其八会之字，妙气所成，八角垂芒，凝空云篆。太真按笔，玉妃拂筵。黄金为书，白玉为简。秘于诸天之上，藏于七宝玄台，有道即见，无道即隐。盖是自然天书，非关仓颉所作。"本句的意思是：圣人阐发自然中的云篆之文，使之成为日常之道和深远恰当之名分。

⑤ 此句意旨难明，大约为：草木与仙、神相通，悟到了生命不知何时就会终止，以致于都需要不断的滋养灌溉。所以唯有至道才能让我们汲汲于与之契合，唯有真人才能令我们尊奉其演绎的文字。

⑥ 本句的意思是：灵符至妙至精，高圣无不宗奉，上哲皆所佩带，真人均极宝贵。灵仙赞美欣赏其玄妙简约，又光亮其色彩，天神则检验其传授是否对应。

⑦ 八气：指修道者所不宜的八种状态，即风、寒、暑、湿、饥、饱、劳、逸，详见《道枢·坐忘篇》。五元：内丹术语，《周易阐真》云："一、三、五、七、九，为阳五行，即先天五行。一为元精，属水，为壬水；三为元性，属木，为甲木；五为元气，属土，为戊土；七为元神，属火，为丙火；九为元精，属金，为庚金。此五元也。"

之洙耳①。其天辞虚籥,非凡贤所闻,虽同载五符之中,故废其龙迹,不显大音矣②。徒见而不知,亦何所言哉。聋者希闻黄钟之响,盲者企睹白黑之津,奚有异于此耶③。圣人虽不为其解高妙之意,然故自陈于本符之上,无损减也④。

二

【解题】

本段选自《道藏》本《太上洞玄灵宝赤书玉诀妙经》卷上。《太上洞玄灵宝赤书玉诀妙经》属于"古灵宝经"的"赤书五篇真文"经群,是以"五篇真文"为中心的衍申论述之一,现存本同样经历了一个增添过程。"五篇真文"实际上是"五符"的进一步发展,表现为"秘篆真文",具有救度众生的咒力。本段文字借用佛教观念,阐述了救济诸天人民的思想。

---

① 通泗之洙:洙泗二河相通,泗水大而洙水小,见《水经注·泗水》。本句的意思是:那些役使日月星辰、调养内丹、关乎身体草木的法术,应当只是"灵宝五符"衍生的道术,就像通于泗水的洙水一样。

② 虚籥:中心空虚的管乐器;"籥"同"龠",《说文》:"龠,乐之竹管,三孔,以和众声也。"对"天辞虚籥"的解说,详见《庄子·齐物论》。龙迹:圣明的行迹。本句的意思是:天降的文辞有如中空的管籥,不是俗人所能领会,它虽与其他文辞一起被记载在"五符"里,但却不显行迹。

③ 本句的意思是:人们对灵宝五符的道法见而不知,就像耳聋者难以听到黄钟之声,目盲者无法知晓黑白之别一样。

④ 本句的意思是:圣人虽然没有为人详解其中高深玄奥的寓意,但它已自然表现在这一灵符之上,意旨没有丝毫减损。

【原文】

尔时元始天尊、太上大道君、五老上帝、十方大神①，会于南丹洞阳上馆，坐明珠七色宝座。时有五帝大圣、玄和玉女、五万二千五百众诣座，天洒香华，神龙妓乐，无鞅数众，紫云四敷，三景齐明，天元合庆②，众真齐驾。时有精进学士王龙赐侍坐，请受法戒。

道告龙赐："吾于七百万劫，奉修灵宝，立愿布施，持戒执斋，勤苦不退，展转生死，忍辱精进，断除异念，空受无想，积感玄寂，得作众圣③。道尊常用慈念，欲令广度众生，是男是女，好愿至人，咸使得见灵宝妙法。尔有善心，来归法门，由尔前生万劫，已奉至真，功满德足，致生道世，值遇法兴④。今当为尔解说凝滞，十部妙经使尔救度十方诸天人民，勤为用心，勿使魔言⑤。"

---

① 元始天尊：又称"玉清元始天尊"，道教最高尊神"三清"中的第一位神。太上大道君：又名"灵宝天尊"、"上清灵宝天尊"，道教最高尊神"三清"中的第二位神，又为洞玄教主，传授洞玄部经典，故称"上清灵宝君"。五老上帝：又称五方五老，指五个方位的神仙，为早期道教尊奉的五位天神，分别是东方安宝华林青灵始老君、南方梵宝昌阳丹灵真老君、中央宝劫洞清玉宝元灵元老君、西方七宝金门皓灵皇老君、北方洞阴朔单郁绝五灵玄老君。十方大神：本指十个方位的大神，此处泛指所有辅神。

② 三景：日、月、星辰。天元合庆：指日、月、星共处同一起点之时。

③ 此处为道尊自述其所以成立的缘由。意思是：我在七百万劫中，修习灵宝经，立下心愿要普施恩惠于大众，平日里我严持戒律遵行斋法，勤奋努力从未退却，辗转于生死之间，忍受屈辱刻苦前行，断除异想杂念，保持心中虚静，逐渐体会到了玄妙空寂的状态，才得以备列圣人之位。

④ 本句的意思是：你有向善之心，来归道法之门，是因为你在前世的万次劫难中，已经信奉最真纯的道，并且功德圆满，所以才能遇上当今道法兴盛之时。

⑤ 凝滞：思维的阻塞、困惑处。本句的意思是：现在我就为你解说晦涩不明之处，用十部高妙道经让你去救助度脱十方诸天的民众，你务必多加参悟，不要让邪魔外道滋生。

《真诰》选

【解题】

《真诰》是东晋兴宁（363—365）前后茅山一位"灵媒"杨羲接受、记录并传示修道者许谧、许翙父子的"仙真降诰"，由陶弘景收集、整理并于齐永元元年（499）前后编纂完成。《真诰》虽托之曰仙真降授，但实质上是上清创教者的集体创造，是一部具有"启示"意味的文本汇编，卷帙庞大、内容丰富、形式多样，较为深刻地反映了南方新神仙道教上清系的思想观念、实践方法及其他宗教义理建构，对后世有较大影响。此处选译三段，第一段是某日女仙"紫微夫人"携"九华真妃"降授杨羲的实况记录，第二段是"清灵真人裴君"关于修道弊端的一则开示，第三段是某仙真关于"存思"方法的教喻。

一

【原文】

兴宁三年，岁在乙丑，六月二十五日夜。

紫微王夫人见降，又与一神女俱来。神女着云锦襦，上丹下青，文彩光鲜，腰中有绿绣带，带系十余小铃，铃青色、黄色，更相参差。左带玉佩，佩亦如世间佩，但几小耳。衣服儵儵有光，照朗室内，如日中映视云母形也。云发鬓鬓，整顿绝伦。作髻乃在顶中，又垂余发至腰许。指着金环，白珠约臂。视之，年可十三四许。左右又有两侍女，其一侍女着朱衣，带青章囊，手中持一锦囊，囊长尺一二寸许，以盛书，书当有十许卷也。以白玉检检囊口，见刻检上字云"玉清神虎内真紫元丹章"。其一侍女着青衣，捧白箱，以绛带束络之。白箱似

73

象牙箱形也。二侍女年可堪十七八许，整饰非常。神女及侍者颜容莹朗，鲜彻如玉，五香馥芬，如烧香婴气者也。初来入户，在紫微夫人后行。夫人既入户之始，仍见告曰："今日有贵客来，相诣论好也。"

于是某即起立。夫人曰："可不须起，但当共坐，自相向作礼耳。"夫人坐南向，某其夕先坐承床下，西向。神女因见，就同床坐，东向。各以左手作礼。作礼毕，紫微夫人曰："此是太虚上真元君金台李夫人之少女也。太虚元君昔遣诣龟山学上清道，道成，受太上书，署为紫清上官九华真妃者也。于是赐姓安，名郁嫔，字灵萧。"紫微夫人又问某："世上曾见有此人不？"某答曰："灵尊高秀，无以为喻。"夫人因大笑："于尔如何？"某不复答。紫清真妃坐良久，都不言。妃手中先握三枚枣，色如干枣，而形长大，内无核，亦不作枣味，有似于梨味耳。妃先以一枚见与，次以一枚与紫微夫人，自留一枚，语令各食之。食之毕，少久许时，真妃问某："年几？是何月生？"某登答言："三十六，庚寅岁九月生也。"真妃又曰："君师南真夫人，司命秉权，道高妙备，实良德之宗也。闻君德音甚久，不图今日得叙因缘，欢愿于冥运之会，依然有松萝之缠矣①。"某乃称名答曰："沈湎下俗，尘染其质，高卑云邈，无缘禀敬。猥亏灵降，欣踊罔极。唯蒙启训，以祛其暗，济某元元，宿夜所愿也②。"真妃曰："君今语不得有谦饰，谦饰之辞，殊非事宜。"又良久，真妃见告曰："欲作一纸文相赠，便因君以笔运我鄙意，当可尔乎？"某答："奉命。"即襞纸染笔。登口见授，作诗如左，诗曰：

---

① 本句的意思是：我欣喜地期盼这冥冥有定的际会，能够相交如松、萝之缠绕。

② 本句的意思是：蒙您屈尊下降凡间，我心中无限欢欣踊跃。我只希望接受您的启示和训导，以祛除我的愚昧，匡济世人，这是我日夜祈愿的事情。

"云阙坚空上,琼台耸郁罗。紫宫乘绿景,灵观蔼嵯峨。琅轩朱房内,上德焕绛霞。俯漱云瓶津,仰掇碧奈花。濯足玉天池,鼓枻牵牛河。遂策景云驾,落龙辔玄阿。振衣尘滓际,褰裳步浊波。愿为山泽结,刚柔顺以和。相携双清内,上真道不邪。紫微会良谋,唱纳享福多。"

某书讫,取视之,乃曰:"今以相赠,以宣丹心,勿云云也。若意中有不相解者,自有征访耳。"

紫微夫人曰:"我复因尔作一纸文以相晓者,以示善事耳。"某又襞纸染笔,夫人见授诗云:

"二象内外泮,玄气果中分。冥会不待驾,所期贵得真。南岳铸明金,眇观倾笈纷。良德飞霞照,遂感灵霄人。乘飚俦衾寝,齐牢携绛云。悟叹天人际,数中自有缘。上道诚不邪,尘滓非所闻。同目咸恒象,高唱为尔因。"

书讫,紫微夫人取视,视毕,曰:"以此赠尔。今日于我为因缘之主,唱意之谋客矣。"紫微夫人又曰:"明日,南岳夫人当还,我当与妃共迎之于云陶间。明日不还者,乃复数日事。"又良久,紫微夫人曰:"我去矣,明日当复与真妃俱来诣尔也。"觉,下床而失所在也。真妃少留在后而言曰:"冥情未攄,意气未忘,想君俱咏之耳①。明日当复来。"乃取某手而执之,而自下床。未出户之间,忽然不见。(卷一)

二

【原文】

君曰:然则学道者有九患,皆人之大病,若审患病,则仙不远也。患人有志无时,有时无友,有友无志,有志不遇其

---

① 冥情:隐晦的感情。攄:抒发。本句的意思是:冥冥中的情感未能抒发,缠结心中的意气未曾忘怀,想要和您一同吟咏这份情怀。

师,遇师不觉,觉师不勤,勤不守道,或志不固,固不能久,皆人之九患也①。人少而好道,守固一心,水火不能惧其心,荣华不能惑其志。修真抱素,久则遇师,不患无也②。如此则不须友而成,亦不须感而动也。此学仙之广要言也,汝当思此。(卷五)

三

守玄白之道,常旦旦坐卧任意,存泥丸中有黑气③,存心中有白气,存脐中有黄气,三气俱生,如云气覆身,因变成火,火又绕身,身通洞彻,内外如一。旦行,至向中乃止④。于是服气一百二十。都毕,道正如此,使人长生不死,辟却万害。(卷十)

《魏书·释老志》选

【解题】

魏收《魏书》之《释老志》大约编成于北齐文宣帝天保末年,主要记录了北魏时期道教特别是寇谦之“清整道教”的有关情况。其时南、北仍处分治状态,魏收关于道教渊源的论

---

① 此句述学道九患,即:患于有志修道而无法长期修道,能长期修道而没有同修道友,有同修道友而没有修道志向,有修道志向但没遇上合适的师父,既有合适的师父却不能自己察觉,察觉到师父合适而不勤奋修道,能勤奋修道但不能守道,或者守道志向不坚定,不坚定则无法持久修道。

② 本句的意思是:只要修习真道,怀抱素朴,时间久了自会遇到合适的师父,不必担心一直没有明师。

③ 泥丸:内丹术语,脑神的别名。道教以人体为小天地,各部分皆赋以神名,称脑神为“精根”,字“泥丸”。

④ 中:日中,午时。本句的意思是:存想的修习从早晨开始,快到中午时停止。

述也承继北方流行的传统观点而来,并未受到当时已经颇具规模的南方新神仙道教的影响。

【原文】

道家之原,出于老子。其自言也,先天地生,以资万类。上处玉京,为神王之宗;下在紫微,为飞仙之主①。千变万化,有德不德,随感应物,厥迹无常②。授轩辕于峨嵋,教帝喾于牧德,大禹闻长生之诀,尹喜受道德之旨③。至于丹书紫字,升玄飞步之经;玉石金光,妙有灵洞之说。如此之文,不可胜纪。其为教也,咸蠲去邪累,澡雪心神,积行树功,累德增善,乃至白日升天,长生世上。所以秦皇、汉武,甘心不息④。桓帝置华盖于濯龙,设坛场而为礼⑤。及张陵受道于鹄鸣,因传天官章本千有二百,弟子相授,其事大行⑥。斋祠跪拜,各成法道,有三元九府、百二十官,一切诸神,咸所统摄。又称劫数,颇类佛经。其延康、龙汉、赤明、开皇之属,皆其名也,及其劫终,称天地俱坏⑦。其书多有禁秘,非其徒也,不得辄观。

---

① 玉京:道教称天帝所居之所。紫微:即紫微垣,天帝居所《晋书·天文志》:"紫微,大帝之坐也,天子之常居也。"

② 有德不德:出自《道德经》第三十八章:"上德不德,是以有德;下德不失德,是以无德。"本句的意思是:"道"千变万化,有德行而不表现虚伪的德行,随意志感应于事物,没有固定的运行方式。

③ 此句述轩辕氏、帝喾、大禹、关尹喜受道之事,即轩辕黄帝道成于峨眉山,帝喾受经于牧德台,大禹以服饵长生,关尹喜在老子出关时被授予《道德经》。

④ 秦皇、汉武,甘心不息:秦始皇、汉武帝晚年皆热衷于求仙,事见《史记·始皇本纪》、《史记·孝武本纪》、《史记·封禅书》等处。

⑤ 汉桓帝祀老子于濯龙宫,事在延熹九年(166),见《后汉书·桓帝纪》:"祠黄老于濯龙宫。"

⑥ 张陵受道于鹄鸣山,及有关五斗米教的记载,见《后汉书·刘焉传》、《三国志·魏书·张鲁传》等处。

⑦ 劫数:本为佛教用语,佛教以天地从生成到毁灭的一个周期为一劫,一劫包括成、住、坏、空四个时期,一劫时间极为漫长。道教仿之设五劫,名曰延康、龙汉、赤明、开皇、上皇。

至于化金销玉，行符敕水，奇方妙术，万等千条，上云羽化飞天，次称消灾灭祸。故好异者往往而尊事之。

世祖时，道士寇谦之，字辅真，南雍州刺史赞之弟，自云寇恂之十三世孙。早好仙道，有绝俗之心。少修张鲁之术，服食饵药，历年无效。……谦之守志嵩岳，精专不懈。以神瑞二年十月乙卯，忽遇大神，乘云驾龙，导从百灵，仙人玉女，左右侍卫，集止山顶，称太上老君。谓谦之曰："往辛亥年，嵩岳镇灵集仙宫主，表天曹，称自天师张陵去世已来，地上旷职，修善之人，无所师授①。嵩岳道士上谷寇谦之，立身直理，行合自然，才任轨范，首处师位。吾故来观汝，授汝天师之位，赐汝《云中音诵新科之诫》二十卷。号曰'并进'。"言："吾此经诫，自天地开辟已来，不传于世，今运数应出。汝宣吾《新科》，清整道教，除去三张伪法，租米钱税，及男女合气之术，大道清虚，岂有斯事②。专以礼度为首，而加之以服食闭练。"使王九疑人长客之等十二人，授谦之服气导引口诀之法。遂得辟谷，气盛体轻，颜色殊丽。弟子十余人，皆得其术。

始光初，奉其书而献之，世祖乃令谦之止于张曜之所，供其食物。时朝野闻之，若存若亡，未全信也③。崔浩独异其言，因师事之，受其法术。于是上疏，赞明其事曰："……。"世祖欣然，乃使谒者奉玉帛牲牢，祭嵩岳，迎致其余弟子在山中

---

① 本句的意思是：辛亥年，嵩岳镇灵集仙宫主表奏天上曹司，称自从天师张陵离开人世以来，人间天师一职空缺，导致修习善道的人无人教授。

② 清整：清理邪伪，整饬组织。三张伪法：三张，指张陵、张衡、张鲁祖孙三代。此处认为张氏所传并非正统。本句的意思是：你要宣扬我的《新科》，清整道教，除去张氏三代留下的邪伪道法，比如租米钱税和男女合气之术之类。宏大的道法倡导清虚，哪会包含这种事。

③ 本句的意思是：当时朝野上下听说这件事，认为寇谦之的事迹扑朔迷离，不能尽信。

者。于是崇奉天师,显扬新法,宣布天下,道业大行。浩事天师,礼拜甚谨。……及嵩高道士四十余人至,遂起天师道场于京城之东南,重坛五层,遵其新经之制。给道士百二十人衣食,齐肃祈请,六时礼拜,月设厨会数千人。

九年,谦之卒,葬以道士之礼。

《隋书经籍志》道经序

【解题】

《隋书经籍志》不载佛道经,于篇末附佛、道二经之序。其中"道经序"对道教形成、道书源流、义旨方法等均有较好的概括。尽管叙述上仍不乏偏重和遗漏之处,但总体上仍反映了魏晋以来道教整合、形成的历史实际。

【原文】

道经者,云有元始天尊,生于太元之先,禀自然之气,冲虚凝远,莫知其极。所以说天地沦坏,劫数终尽,略与佛经同。以为天尊之体,常存不灭。每至天地初开,或在玉京之上,或在穷桑之野,授以秘道,谓之开劫度人。然其开劫,非一度矣,故有延康、赤明、龙汉、开皇,是其年号。其间相去经四十一亿万载。所度皆诸天仙上品,有太上老君、太上丈人、天真皇人、五方天帝及诸仙官,转共承受,世人莫之豫也。所说之经,亦禀元一之气,自然而有,非所造为,亦与天尊常在不灭①。天地不坏,则蕴而莫传,劫运若开,其文自见②。凡八

---

① 本句的意思是:天尊所说的经书,秉承元一之气,为自然产生,而非人为造作,经书与天尊一直存在,不会朽灭。

② 蕴:积蓄,蕴藏。本句的意思是:天地如果不毁灭,救世的经书便一直蕴蓄不传布,一旦劫运开启,经文则自然显现。

字,尽道体之奥,谓之天书。字方一丈,八角垂芒,光辉照耀,惊心眩目,虽诸天仙,不能省视。天尊之开劫也,乃命天真皇人,改啭天音而辩析之①。自天真以下,至于诸仙,展转节级,以次相授。诸仙得之,始授世人。然以天尊经历年载,始一开劫,受法之人,得而宝秘,亦有年限,方始传授。上品则年久,下品则年近。故今授道者,经四十九年,始得授人。推其大旨,盖亦归于仁爱清静,积而修习,渐致长生,自然神化,或白日登仙,与道合体。其受道之法,初受《五千文箓》,次受《三洞箓》,次受《洞玄箓》,次受《上清箓》。箓皆素书,纪诸天曹官属佐吏之名有多少,又有诸符,错在其间,文章诡怪,世所不识。受者必先洁斋,然后赍金环一,并诸贽币,以见于师。师受其贽,以箓授之,仍剖金环,各持其半,云以为约。弟子得箓,缄而佩之②。

其洁斋之法,有黄箓、玉箓、金箓、涂炭等斋。为坛三成,每成皆置绵蕝③,以为限域。傍各开门,皆有法象。斋者亦有人数之限,以次入于绵蕝之中,鱼贯面缚,陈说愆咎,告白神祇,昼夜不息,或一二七日而止。其斋数之外有人者,并在绵蕝之外,谓之斋客,但拜谢而已,不面缚焉。而又有诸消灾度厄之法,依阴阳五行数术,推人年命,书之如章表之仪,并具贽币,烧香陈读。云奏上天曹,请为除厄,谓之上章。夜中,于星辰之下,陈设酒脯饼饵币物,历祀天皇太一,祀五

---

① 本句的意思是:天尊开劫度人时,命令天真皇人,转读天书之文,并辨析其文意。

② 洁斋:净洁身心,诚敬斋戒,此处所指为一套特定的斋戒仪程。本句的意思是:受符箓者,需要先斋戒,然后献上金环一枚和诸多礼物财币,用以拜见老师。老师接受礼物后,将箓册传授给他,再剖开金环,师徒各执一半,作为信约。弟子得到箓册后,要妥善封缄,随身携带。

③ 绵蕝:亦称"绵蕞",在仪式排演时,引绳为"绵",作为界限,束茅为"蕝",用以表示各人位置,此处泛指斋坛的布置。

星列宿，为书如上章之仪以奏之，名之为醮。又以木为印，刻星辰日月于其上，吸气执之，以印疾病，多有愈者①。又能登刀入火而焚敕之，使刃不能割，火不能热②。而又有诸服饵、辟谷、金丹、玉浆、云英，蠲除滓秽之法，不可殚记。云自上古黄帝、帝喾、夏禹之俦，并遇神人，咸受道箓，年代既远，经史无闻焉。

推寻事迹，汉时诸子，道书之流有三十七家，大旨皆去健羡，处冲虚而已，无上天官符箓之事。其《黄帝》四篇，《老子》二篇，最得深旨。故言陶弘景者，隐于句容，好阴阳五行，风角星算，修辟谷导引之法，受道经符箓，武帝素与之游。及禅代之际，弘景取图谶之文，合成"景梁"字以献之，由是恩遇甚厚。又撰《登真隐诀》，以证古有神仙之事；又言神丹可成，服之则能长生，与天地永毕。帝令弘景试合神丹，竟不能就，乃言中原隔绝，药物不精故也。帝以为然，敬之尤甚。然武帝弱年好事，先受道法，及即位，犹自上章，朝士受道者众，三吴及边海之际，信之逾甚。陈武世居吴兴，故亦奉焉。后魏之世，嵩山道士寇谦之，自云尝遇真人成公兴，后遇太上老君，授谦之为天师，而又赐之《云中音诵科诫》二十卷。又使玉女授其服气导引之法，遂得辟谷，气盛体轻，颜色鲜丽。弟子十余人，皆得其术。其后又遇神人李谱，云是老君玄孙，授其图箓真经，劾召百神，六十余卷，及销炼金丹云英八石玉浆之法。太武始光之初，奉其书而献之。帝使谒者，奉玉帛牲牢，祀嵩岳，迎致其余弟子，于代都东南起坛宇，给道士百二十余人，显扬其法，宣布天下。太武亲备法驾，而受符

---

① 本句的意思是：有的人用木头作印玺，把日月星辰刻在上面，让它吸收精气，然后拿着它印于疾病缠身的人，有很多人因此痊愈。

② 本句的意思是：有的人在登刀山、蹈火海时焚烧敕令，使得他不会被刀刃割伤，被火焰烧灼。

篆焉。自是道业大行，每帝即位，必受符箓，以为故事，刻天尊及诸仙之象，而供养焉。迁洛已后，置道场于南郊之傍，方二百步。正月、十月之十五日，并有道士哥人百六人，拜而祠焉。后齐武帝迁邺，遂罢之。文襄之世，更置馆宇，选其精至者使居焉。后周承魏，崇奉道法，每帝受箓，如魏之旧，寻与佛法俱灭。开皇初又兴，高祖雅信佛法，于道士蔑如也。大业中，道士以术进者甚众。其所以讲经，由以《老子》为本，次讲《庄子》及《灵宝》、《升玄》之属。其余众经，或言传之神人，篇卷非一。自云天尊姓乐名静信，例皆浅俗，故世甚疑之。其术业优者，行诸符禁，往往神验。而金丹玉液长生之事，历代糜费，不可胜纪，竟无效焉。

道教的丛生化和包容化发展

道教"形成"以后，其发展历史可以着重从两个方面进行认识：

第一个方面是政治、社会境遇。前面说过，社会经济、文化进一步发展以后出现的新生宗教，如果想要在所处社会中立足并取得传播和响应，除了构建宗教义理外，还必须建立自身的物质形式，如活动场所、组织形式、教团制度等，处理好与政治特别是与阶级国家统治者的关系。如果和政治统治相结合甚至政教合一，便成为国家宗教；相反，如果和政治相对抗，便会遭到统治者的排斥。整合形成的道教与不断中国化的佛教一样，总体上都采取了中间道路：既承认君主统治，接受政治管理，同时又和世俗政治权力保持一定的距离，形成相对独立的教团组织形态。

这与以儒家思想为核心的古代政治始终坚持一贯的态度有关,儒家思想一方面允许创生宗教的存在,一方面则以国家权力加强管理,总体来说就是以独特的实用理性精神和人本主义思想对待包括佛教、道教、天地自然崇拜、祖宗崇拜以及原始宗教遗存在内的一切宗教元素。凡是国家所承认的,即可纳入官方祭典,由中央(甚至帝王)或地方官员主持祭祀。反之则被视为"淫祀"而遭到禁绝。具体管理上,自隋唐以降,一般是由中央政府设立专门机构负责执行,同时地方政府和乡村士绅予以监察。因此,道教教团的组织化、制度化发展,也是与其政治、社会境遇紧密相关的。

第二个方面是"丛生""包容"和"普化"的具体历史过程。凡是能够在社会中生存并得到广泛传播、发展的宗教,总是存在着一个分化、吸纳、新创、融合的复杂历程,道教则以它本身从一开始就奠定的包容体性质,呈现出极其独特的"丛生性"特点。通俗地说,道教之历程如百川并出、千湖星现,不断丛生出新的元素;道教之结果则是三江东去、万水归海,始终在将一切元素努力纳入统一的形式下。同时,在中国文化法则的作用下,丛生和包容的道教与佛教一样渐渐与社会一般信仰观念相融合,共同组合成"普化"的宗教,并在传统社会中发挥着重要功能。

隋唐五代时期

隋唐时期道教的政治社会境遇 隋代统一,促成南北道教的进一步整合,隋文帝正式承认"元始天尊"作为道教最高神的地位。炀帝大业中,"道士以术进者甚众"(《隋书经籍志·道经序》)。但隋祚短促,统一不久后又陷入动乱,乱世是新生宗教的温床,唐高祖李渊因与老子同姓,夺取政权就充分利用了几百年来一直流行的老子转世谶言,故入继大宝后尊崇老子。唐太宗则公开宣称唐帝室为老子之后,支持并尊奉道教。唐玄宗"尚长生轻举之术,于大同殿立真仙之像,每中夜夙兴,焚香顶礼。天下名山,令道士合炼醮祭,相继于路。投龙奠玉,造精舍,采药饵,真诀仙踪,滋于岁月"。(《旧唐书·礼仪志四》)中晚唐诸帝,奉道亦为常态。有唐一代,虽然佛道大致并尊,但总体上道教的地位略高于佛教。有时唐朝君主对佛道二教均进行整顿,如武德二年,唐高祖恶佛僧、道士苟避征徭,不守戒律,"命有司沙汰天下僧、尼、道士、女冠,其精勤练行者迁居大寺观,给其衣食,毋令阙乏。庸猥粗秽者,悉令罢道,勒还乡里。京师留寺三所、观二所,诸州各留一所,余皆罢之"(《资治通鉴·唐纪七》)。武则天时禁毁道教攻击佛教的《老子化胡经》,属于平衡佛道二教的措施。唐武宗"恶僧尼蠹天下",下诏并省天下佛寺,令僧尼还俗,没收财货田产,则是典型的"毁佛"事件。但此类行为大抵出于政治考虑,并非完全出于甄别宗教教义的缘故。至于经常发生的"三教论衡",基本上是以调和为主,有时甚至流于戏谑,成为帝王生日宴会上的娱乐节目。

唐代帝王普遍尊奉道教,主要表现在以下几个方面:

一是崇奉老子,提倡老学及道家之学。唐高祖于羊角山老子显灵处诏建老君庙后,唐太宗贞观十一年于老子故里亳州修建太上老君庙,唐高宗乾封元年亲谒亳州老君庙,上尊号曰"太上玄元皇帝",又从武后之请令王公以下皆习《老子》。此后唐玄宗变本加厉,屡次加封老子,令各地增建老子庙,尊《老子》《庄子》《列子》《文子》等道家经典为"道德真经""南华真经""通玄真经""冲虚真经",亲注《老子》,推广不遗余力,在很大程度上推动了以《老子》之学为代表的道教哲学的发展。开元二十九年设置崇玄学,置博士,以四部真经为教材,崇玄学生学成后"每年随举人例送名至省,准明经考试,通者准及第人处分"。此后又于东都洛阳及诸郡分设崇玄学,封《庚桑子》为"洞灵真经"加入教材。至代宗大历三年,崇玄学生增至一百人。

二是支持教团发展,敕建或助建道观并奉养道士。唐高祖因楼观道士辅佐有功,诏令修葺,并改为"宗圣观",赐白米二千石、帛一千匹,以供观中修补。唐太宗也多次诏修道观,特别是为秘传符命、襄赞有功的三朝道士王远知在茅山建太受观。高宗和武则天亦不例外,曾为道士潘师正建崇唐观、精思观,为道士刘道合建太一观。唐玄宗崇扬道教最力,除建立老子庙并升格为"太上玄元皇帝宫"外,亦屡建道观。此后诸帝,均多有建观之举。单在长安一地,由皇帝直接或间接恢复、新建的道观就有三十余所(《唐会要》)。终唐一代,长安、洛阳两京宫禁中还设有内道场,负责为皇家举行醮祭、祷禳、炼丹等,由皇帝征召高道主持,礼遇亦隆。

三是支持经典的整理与编纂。唐玄宗先天年间,京中已藏有道经二千余卷,其他较为次要的经仪传论疏记等尚不包括在内。开元时,以此为基础编为经藏,称《三洞琼纲》,凡七千三百卷(一说五千七百卷)。另编有《玉纬》别目,著录记传疏论。天宝年间诏传写经藏以广流布。道教虽自南北朝末就已经确立了经藏体系,但具体汇编成藏并予缮写,《三洞琼纲》仍为首创,其意义十分重大。此后因安史之乱多所焚毁,唐肃宗又予收集,有经箓六千余卷。唐代宗大历年间复又搜集缮写,共七千余卷。至长庆咸通间又颇有散失,但仍存五千三百卷。

四是帝王参与修习。开元九年,唐玄宗迎司马承祯于宫中,亲受法箓。开成五年,文宗召道士赵归真等八十余人入禁中,修金箓道场,于九天坛亲受法箓。会昌元年,武宗亦命赵归真于三殿修九天道场,亲受法箓,并奉之为师;会昌六年,武宗又于衡山道士刘玄静受三洞法箓。

但优渥的政治境遇并不意味着统治者对宗教的放任自流。总体上,唐朝对佛、道教团的控制仍相当谨严。唐中央政府设崇玄署,掌管京师诸观名数及道士名籍、斋醮之事。凡两京度僧尼道士女冠,由政府派遣御史一人莅临监察。同时规定,地方州县每三年造所辖之地道士女冠名册上呈。另外需要指出的是,道教虽然在唐代获得强有力的政治支持,却并不意味着道教就是唐代的"国教"。终古之世,国家宗教主要还是祖宗崇拜和天地自然崇拜,并且与血缘伦理道德紧密结合。无论是道教、佛教,还是其丛生支流或新兴教派,根本上仍具有独立教团的性质,并非国家宗教。

道教在唐代社会亦获得了广泛的流行。除帝王好尚以外,唐代达官贵人和一般文士也普遍亲近道教,其中有不少人虔诚向往灵仙之境,乃至出家为道,蜕迹岩壑,超然悬解;但更多的人则是向道、慕仙,以对神仙的渴望表达摆落尘滓、挣脱世网的精神追求。① 像杰出的诗人陈子昂、李白、杜甫、顾况、白居易、李贺、李商隐、皮日休、陆龟蒙等等不过是其中的典型例子,他们用诗歌表达对神仙世界的体验,开辟了一种崭新的文学审美意境。民间对道教的崇奉也变得普遍、深入,在唐代地方祠祀中,出现了很多来自于旧有传统和丛生元素的道教神祇。道士、女冠和僧尼一样,以宗教职业者的身份成为社会的一个阶层。

有唐一代思想信仰不拘一格,文化交流波澜壮阔,社会生活丰富多彩,因此崇尚灵肉不死、逍遥自得的神仙道教更能够使各阶层人士发生共鸣,形成某种时代风气。唐代独有的"女道士现象",可以说就是这种风气的写照。唐室既尊奉道教,不嫁帝女以及先王宫人往往入道,士大夫乃至庶民之女,也多有居观修行者。在整个社会风气开放的背景下,知识分子普遍好道且冶游成风,因此女冠多放诞风流也就在所难免②,所以和青年才子发生种种缠绵故事,并成为当时社会的一道独特风景。

---

① 孙昌武:《道教与唐代文学》,人民文学出版社,2001年,第174—289页。
② 程千帆:《郭景纯曹尧宾游仙诗辨异》,《程千帆全集》第八卷,河北教育出版社,2000年。

唐代道教的发展及其复杂性　　在南北朝后期,道教形式上的整合已经初步完成,至唐初则又臻致一个新的高度。最重要的就是将不同的历史差别融于一炉的新统一体已经出现,南北朝后期完成的"三洞四辅"经藏体系是一个标志,"经戒符箓"传授体系则是另一个重要标志。

经典、戒律、符箓传授三事一体,共同构成"经戒符箓传授体系",是独立教团组织化、制度化的要素之一。它把分散的教徒联系起来,同时又成为某种意义上的"图腾",从而维系着宗教共同体的存在。但在唐之前,出于道教来源多途、丛生复杂的本质属性,经戒符箓主要是私相传授,同时又派别林立。这一情况在统一帝国形成以后发生了改变,唐代早期即形成了统一规范。这一规范将经戒符箓分为七级,由低到高分别是:

(1) 正一箓、正一经;

(2) 神咒箓、神咒经;

(3) 老子戒、太玄洞神经;

(4) 三皇符箓、三皇经;

(5) 升玄箓、升玄经;

(6) 灵宝符箓、灵宝经;

(7) 上清符箓、上清经。

规定入道之士根据修行进阶,由低到高依次传习七大类经戒箓。每一类不同的戒、箓、经又代表了一种法位,合起来有十九种。[①] 这一看起来繁琐的传承阶位体系实质上有着十分清楚的内涵:得到某种经箓的传授,即获得某种"法次"阶位。由此一来,经戒符箓传授得到了义理上、形式上的统一,

---

① [日]小林正美:《唐代的道教与天师道》,王皓月译,齐鲁书社,2013 年,第76 页。

并消除了历史造成的差别：原本属于不同派别的经典、戒律和符箓，只是表明传授次序和修道进阶的不同，而并非是教派分野特别是义理差异的实际存在。① 经戒箓传授体系的规范化是与经藏组织的体系化同步发展的，既反映出道教来源的复杂特点，也揭示出道教形成的整合性。至此，在宗教精英的理论建设层面上，道教形式上的统一可以说基本完成了。

整合化以后的道教既然受到帝王的尊奉，并在社会上获得更广泛的流行，其作为独立教团宗教的物质要素因之也相应得到了发展。首先是道观。得力于帝王的支持，唐代道观建设在东晋南北朝已经初具形貌的"道馆"基础上又有新的发展。唐代两京（长安、洛阳）已不必论，各通都大邑、名山胜迹都有道观建立，终唐一代，天下道观总计达 1687 所（《新唐书·百官志》）。其次则是教团制度，包括建观立式、入观修行、行卧起居、法服法具等，唐代初期在不少宗门的倡导下基本形成了统一的规定。再次就是仪式程序和仪式规范。唐代道教在继承的基础上又经过近三百年的发展，最主要的神圣仪式斋醮的基本程序和传经、授箓、祈禳等仪式规范，以及最为根本的行为规范和道德准则，都基本实现了整合（关于这方面的内容，在下一部分"道教的义理化发展"中还要专门论述）。

唐代出现了很多对教门具有建设性贡献的大师，著名的有王远知、潘师正、司马承祯、王玄览、成玄英、吴筠、李含光、杜光庭、施肩吾。另外还有一些生平不详却在道门建设上颇有创辟的人物，如张万福、王悬河等。

王远知亲承陶弘景，历梁、陈、隋、唐四朝，曾奉隋炀帝敕

---

① 赵益：《六朝隋唐道教文献研究》，凤凰出版社，2012 年。

于中岳修斋仪，又为唐高祖李渊密传符命，预知唐太宗李世民入承大宝而亲授法箓。潘师正为其弟子，尽受道门隐诀及符箓，受唐高宗尊奉，数应召对，其与高宗的问答记录在《道门经法相承次序》中，涉及修炼方法、证果阶位、仙真谱系及修道功德等重要问题。司马承祯师承潘师正，主要在吸收儒、佛思想和发展道教哲学方面颇有建树，著有《修真密旨》《天隐子》《服气精义论》《坐忘论》等。司马承祯曾上言唐玄宗，认为当时五岳神祠所享皆是"山林之神"，而非正真之神，提出"五岳皆有洞府，各有上清真人降任其职，山川风雨、阴阳气序是所理焉，冠冕章服、佐从神仙皆有名数。请别立斋祠之所"。玄宗采纳建议，遂敕五岳各置真君祠一所，并令其推按道经创建五岳真君形象制度。司马承祯创造性地以道教上清系的内容加入国家祭祀，不仅使上清神系地位日尊，也使得道教神祇谱系的正统性得到了加强。吴筠亦师从潘师正，因举进士不第而入山隐修，开元中游历神仙道风浓盛的江南茅山、天台一线，与当时文士多有交往。吴筠著述颇丰，今存者有《宗玄先生文集》及《宗玄先生玄纲论》《太平两同书》等。张万福为玄宗时道士，编撰有《三洞众诫文》《三洞法服科戒文》《传授三洞经戒法箓略说》《醮三洞真文五法正一盟威箓立成仪》《洞玄灵宝无量度人经诀音义》《太上洞玄灵宝三洞经诫法箓择日历》等，大部分为重要的科范类文献。王悬河则编有道教类书《三洞珠囊》。

唐末杜光庭是唐代道教教法建设方面集大成的人物。他的贡献在于三个方面：一是搜集、整理并编辑道经，特别是编纂仙真传记、撰写宣教著作。杜光庭编撰的传记类作品有《墉城集仙录》《神仙感遇传》《仙传拾遗》《王氏神仙传》《洞玄灵宝三师记》等；宣教类作品有《录异记》《道教灵验记》《历代崇道记》，均有较大影响。二是完善了"洞天福地"之说，使道教"神圣世界"理论得到了进一步的规范。三是综合整理斋醮仪式规范,编成八十七卷的《道门科范大全集》,将历史遗留下来的和当时不同门派所遵行的斋醮仪式进行规范,并对相关仪式文本如上章、表奏、疏启、颂赞、咒语等予以整饬。杜光庭的整理实现了道教斋醮仪式系统化、规范化的完成,影响极其深远。其所奠定的斋醮程序和规范的主要部分,道教一直沿用到今天。[①]

唐代是道教经过进一步整合形成新的包容体的时代,"整合"与"包容"本身就意味着复杂性。尽管旧的历史复杂性被形式化地统一起来,但新的复杂性又无时不在产生之中。

敦煌卷子中有 496 件道教文书[②],而佛教卷子则有数万卷,尽管可以确定为唐代的写卷无法得到精确的统计,但二者数量上的显著对比并无疑问,反映出道教、佛教在唐代民间的不同流行程度。496 件道教文书中,灵宝经类有 251 件,上清经类只有 15 件;民间或低层道众,更多供奉来自于灵宝道教的至上神"天尊"。这些事实可以证明吸收佛教观念,强调斋戒科范,主张罪福报应、行善劝人、度劫更生的灵宝一系自南北朝至唐以来在庶民社会中最为流行;而以存神炼气、修身上仙为核心的上清一派,则仅在知识分子中得到更多的响应。形式化整合的道教中,这两种不同的观念趋势始终存在。

晚唐五代时期出现了半真半假的吕洞宾、钟离权等人物,后来都成为新兴教派拟托的教主。这说明经过唐前期的整合发展,自唐后期始,新的丛生也已初露端倪。

---

① 李养正:《道教概说》,中华书局,1989 年,第 129 页。
② [日]大渊忍尔:《敦煌道经·目录编》。

两宋时期

经过晚唐五代的惨痛乱世，宋开国皇帝宋太祖及其继任者宋太宗采取了加强中央集权、削弱地方势力和注重文治教化的政治路线、方针，此一"祖宗成法"奠定了宋立国基础，使古代中国政治、社会、文化开始由"古代型"向"近世型"转化，获得了长足的发展。

"神道设教"与道教　世界范围内古代阶级国家的统治理论，无不标榜天赋王权以昭示其统治的合理性与正当性，儒家政治亦不例外。特别是秦汉中央集权国家形成以来，改朝换代既以承运应人相号召，君临天下则为天命历数之所归的，这样思想原则逐渐形成，所谓"圣人以神道设教，而天下服矣"(《周易·观》)。实质上就是以君权神授为天道，并以此作为统治人民的工具。

由于道教的来源中本有丰富的自然崇拜内容，而其义理化的神学核心与传统天命观也有很契合的地方，因此唐代君主"神道设教"的活动中就已经出现在国家祭祀中加入道教神祀，并与道教祈禳仪式合流的现象。北宋真宗时期，在君臣合谋所进行的一次有意识、有目的的"神道设教"活动中，则完全以道教内容为主，从而使道教与政治实现了进一步的结合。

整个宋王朝，不幸处于古代中国游牧与农耕两大文化区域冲突交融的又一个高峰时期。立国之初的主要外患是契丹政权辽国，太宗时期数与作战，均以失败告终。景德元年(1004)，辽国再度入侵，真宗勉强亲征，最后达成澶渊之盟。

军事上既无法战而胜之,真宗君臣便想到了一种特殊的手法来标揭中原王朝的正统性和神圣权威。从景德四年(1007)年末开始,在当时的主要大臣王钦若、王旦的秘密安排下,宋真宗策划了一场天降神书事件,并在第二年正月乙丑日上演。

这一场天降神书事件本身并不复杂,但围绕着天书而展开的一系列后续行动竟延续了数年之久:天书既降,真宗即遣人祭告天地、宗庙、社稷,命文武百官献上天书,请辽国使者陪观;同时改年号为与天书同名的"大中祥符"。四月,又有天书降于大内功德阁;五月,真宗称再度梦见神人降示,曰六月当再降天书于泰山;至六月乙末日,果有天书降于泰山之醴泉,上有"国祚延永,寿历遐昌"等文。十月,真宗率百官奉天书至泰山封禅。"封禅"的"封"指于泰山上筑土为坛以报天之功,"禅"指在泰山下的梁父山辟场祭地以报地之德,封禅是自古以来祭祀天地的终极大典,当然也成为"神道设教"的最高仪式。大中祥符四年,真宗又完成了另一项国家重典:至汾阴祀后土。大中祥符五年,真宗模仿唐朝李氏奉老子为祖,尊黄帝为赵氏始祖。两年后的大中祥符七年,真宗奉天书至亳州祭献太清宫,尊老子为"混元上德皇帝"。大中祥符八年,尊道教"玉皇"为"太上开天执符御历含真体道昊天玉皇大帝"。

在整个大中祥符年间围绕天书降临所进行的一系列活动中,封泰山、祀汾阴、祀太一、谒陵寝等,虽属于国家祭祀的传统内容,但同时又是配合天书降临的告功报德仪式。而主体活动天降神书本身,以及设黄箓道场受天书、亲瞻九天司命天尊下降、令诸州设醮、祀太清宫、上老子尊号,特别是封"玉皇"尊号,则是典型的道教内容。尽管秦汉以至近世人主均重灾祥符瑞之事,可像真宗这样刻意自导自演并借助宗教大肆渲染、敷演的行为,却也并不多见。所以后人修《宋史》时谓之"一国君臣如病狂然"。在这一系列活动中,道教的相关仪式加入了国家祭祀并成为神道设教重要的辅助内容,从此以后逐渐成为常态。

宋代皇帝中对道教最为崇奉并起到极大推动作用的是宋徽宗。徽宗先后宠幸道士刘混康、虞仙姑、王老志、王仔昔、林灵素、张虚白、王文卿等,并屡次下诏征访法术高道。政和七年(1117)二月,徽宗有一次在上清宝箓宫大集道士,竟达二千余人之众。又为道士设立道官道职,置道阶二十四等,礼遇优渥。同时在全国范围内增建道观,每置一观,均给予大片田产。徽宗先命各地州县设立道学,后又诏与儒学合一,学道之士许入修学,依学绩各授名号,并仿儒学贡士之法参加科举,殿试合格者授予道官道职。徽宗本人是个才艺之君,因此十分重视道教教义建设,一是鼓励编纂道教内史特别是神仙谱系及历代得道者传记,并一一加封赐号;二是加强道教经籍的收集与整理,于政和年中编成《政和万寿道藏》,共5481卷。本来,北宋初年宋太宗即已开始寻访道经,命徐铉、王禹偁整理校正,共得3337卷;宋真宗亦命王钦若总领道典校定,凡4359卷,编成目录《统文宝录》;后又命张君房纂成《大宋天宫宝藏》共4565卷,抄录七部。此次《政和万寿道藏》则实现了划时代的飞跃——全部雕版付刊。卷帙浩大的《道藏》通过印刷得以广为流布,意义极其重大。

宋徽宗的尊奉道教,虽然总体上是出于个人的喜好,与历史上人主追求长生的目的相同,但同样不乏神道设教的主观意识。其开始大兴道教,即缘于政和三年十一月号称见天神降于空中并作《天真降临示见记》。此与真宗托于天降神书,可以说是异曲同工。其后直接自称为昊天上帝之元子,是所谓"大霄帝君",命道众上章天帝册封其为"教主道君皇帝",自神之意更是昭然若揭。

宋徽宗对道教的崇尚,客观上使道教在社会上的流化达到了一个空前的程度。实际上在真宗大中祥符年之前,作为整合化的道教,其普及程度非常一般,大约也就是在江西、剑南地区较为盛行而已。由于真宗相关举措的刺激,道观竞起,道士激增。而宋徽宗的变本加厉,使得道教获得了极大的发展。南宋诸帝虽不再像徽宗那样极端,但崇奉天帝神君以祐国家社稷的态度则无明显变化。特别是宋理宗,兴建道观、赐封道士之举,屡见不鲜。唐以后中国历代王朝多倾心道教,但只有宋王朝时间最长、程度最深,襄助推动的效果也最大。其中最重要的后果是,宋朝尊奉道教的一系列行为直接促进了道教的普及和流化,使之成为中国社会宗教生活的基本形态之一。①

道教内容体系的继续整合 道教作为一个包容体,形式体系上的整合在唐代基本完成,但内容体系上的整合则始终是一个动态的历程,每一时代都在增加新的元素。因为宗教不仅仅是义理,还包括具体的行动,同时无论是义理还是行动都无法得到全面的记录,所以宗教的内容很难得到准确的概括,我们只能从宗教经典的文本记录入手,作一个简单的考察。

北宋真宗时编纂《大宋天宫宝藏》,汇纂了讫于当时为止所能收集到的六朝隋唐旧经和五代北宋新生道经,甚至还加入了摩尼教经,总数达 4565 卷,可以说已经包罗所有。主持其事的张君房在编纂过程中,又总览全藏、掇其精华,编撰了一百二十二卷的《云笈七签》。《云笈七签》基本上是《大宋天宫宝藏》的浓缩,同时也可以视为公元 1009 年(北宋景德二

---

① 孙克宽:《宋元道教之发展》,台湾东海大学,1965 年,第 43 页。

年)《大宋天宫宝藏》录成进上时道教经籍内容的一个概括式的反映。

《云笈七签》的纲目体系打破了"三洞四辅"的机械统合，也改进了"十二部"形式分类，基本上实现了以内容为标准的分类。但其纲目体系并不严谨，根本原因是道教本属整合包容之体，无论是原始来源还是形成时被整合的直接来源，以及后来的丛生，都有不同的理论、方法、仪式内容，编纂者只能进行有限的系统化处理，无法完全做到义理上的融合统一。具体原因则是，《云笈七签》与《道藏》一样，都属于以经籍文本而不是以内容主题为编排单元的资料性汇编，因此首先必须照顾经典体系，而经典体系并不等于内容体系。尽管如此，我们可以在对《云笈七签》进行重新归纳的基础上，大致得出当时道教经典的内容体系，如下表（见下页）（虚线框是新的概括，实线框则是《云笈七签》的原有标目）：

从这个简单归纳可以看出，如果不论布教方面的论述，道教经文关于经典本身、仪式、方法的论述在整体道藏中占有绝对的比例（"诸真语论"等言论汇编虽然涉及各个方面，但亦以方法类内容居多），这个特点是与道教的神学核心和宗教特性紧密契合的。

在体系化加强的基础上，宋代道教义理也蕴育出一种新的趋势，即从外炼向内修转化。这一趋势与唐宋以来佛、儒参资形成心性学说密切相关，也标志着三教融合的深入发展。关于这一点，将在第四章"道教的义理化发展"中再详予论述。

两宋时道教的丛生　经过唐五代三百余年的积累，加之社会宗教生活的日益丰富，两宋时期道教的丛生已经蓬勃展开，到南宋中后期，道教整理者已经面临着明显的"众法纷纭"的态势，有所谓"清微""灵宝""东华""神霄""邓岳"之称。

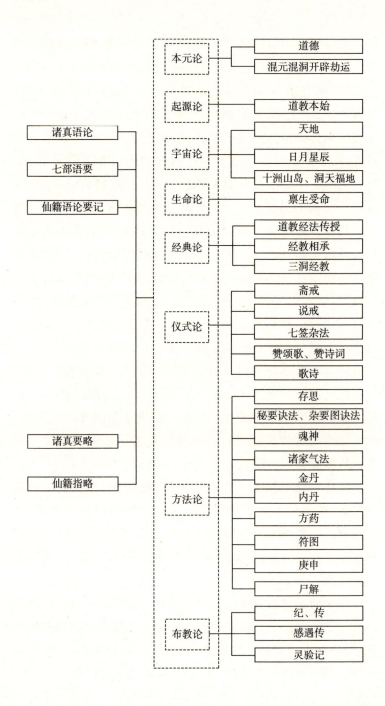

从今天的眼光看，这些丛生的内涵十分丰富，既表现在地方性元素的纷纭出现，也表现在新生宗派的不断滋蔓。在新生宗派中，有的发展出一定的新科仪，有的也多少新创了实践方法，但更多的则是多方杂糅，拟托神授，标榜宗法而自神其术。总体上，它们经过一段时间后便渐趋消歇，或融入新的丛生并被后世纳入道教包容体，或被新的丛生所代替。

"神霄雷法"之"神霄"一名可能源于北宋时助成宋徽宗崇道的关键人物林灵素。林灵素本名林素，年少时从僧学佛，因不堪其师答骂，转做了道士，却又丐食于佛寺，以妖术行走江湖。像林灵素这样出身卑贱、以术行世而又不免困顿潦倒的底层宗教职业者，天生就具有一种反叛正统的精神和创立别宗的主观意识。徽宗广征有道之士提供了机会，林灵素自然不会错过。此辈的惯常做法，首先就是提出惊世之论，博取人主的推重。林灵素原本写有一种大约是招纳信众的通俗之作《神霄谣》，提出过"神霄"之说，见到徽宗时则进一步投其所好，称曰："天有九霄，而神霄为最高，其治曰府。神霄玉清王者，上帝之长子，主南方，号长生大帝君，陛下是也。"徽宗既尊为师，遂命天下皆建神霄万寿宫，并令吏民诣宫受"神霄秘箓"。"神霄秘箓"实际取代了徽宗原本标榜的"上清箓"，标志着此一丛生教派雏形的出现。但林灵素除妄诞之谈外，并无明确的教旨，唯一特别的地方就是"稍识五雷法召呼风霆，间祷雨有小验而已"（《宋史·方技·林灵素传》），正是这一点为稍后的王文卿做了铺垫，形成所谓"雷法"一派。

王文卿（1093—1153），字予道（一说名俊，字文卿），号冲和子，江西南丰人。一说其遇火师汪君授以雷霆秘旨，一说其于野泽中遇老妪传授致雷电役鬼神之书，以之济人甚众，名闻江湖。徽宗召见，大称其旨，拜太素大夫、凝神殿校籍，后又赐号"冲虚通妙先生"。传说其颇有神通,以雷击死妖人若干,且能祷雨立霁,并预知天数,以神力助讨叛贼。所谓"雷法",即役使雷电以禳害却邪,一般是通过符箓召唤所司天将以达成之,在性质上属于符箓咒术。在任何时代,重于秘术都是新兴宗派博得信任的初始手段,神霄雷法亦不例外,但王文卿不仅是以秘传符法自居,他的独特之处在于将"阴阳—五行—易卦—干支"符号运算系统融入雷法,使之颇具义理内涵;同时,极为强调以内修为本、法术为用,因而又具有显著的内丹色彩,以至在后来被发展成为纯粹的内修。王文卿及其后的萨守坚又能将其理论予以撰述,有《雷说》《玄珠歌》《内天罡诀法》等传世。因为这些缘故,王文卿开创的"雷法"传者甚众,各有师授,产生了重大的影响,很可能就是宋元时期"雷霆诸派"的直接渊源和催生动力。后世其他丛生各派在符箓咒术方面,多多少少都含有"雷法"的元素,似亦与神霄雷法及其继起者不无关系。

"天心正法"自称源于汉张陵,由宋太宗时临川县吏饶洞天得神人指授所创,但实际上应创自南宋时人路时中。路时中,字当可,开封人,绍兴年间以朝散郎干办诸司审计司。常以符箓为人治病,号称能捕逐鬼物,所以在民间影响甚大,世号"路真官"。其术实质,也属于以符箓役使鬼神、呼吸雨风之类。据南宋金允中《上清灵宝大法》记载,路时中在符箓咒术之外,又创立了一整套关于传度、斋醮的科仪,正是这一套科仪为"天心正法"的中心内容,最后慢慢地被融入宋末整合的符箓、科仪系统中。南宋嘉定时另有雷时中自称遇路真官下降,授以"混元六天如意道法",教其"专以《度人经》为主",虽然弟子甚众,行世亦广,但已明显发生了变化。

"清微"一派拟托于唐朝人祖舒,真正的兴起者应是南宋黄舜申。黄舜申,字晦伯,福建建宁人,生于嘉定十七年,卒年不详。传说宋理宗曾召见之,御书"雷困真人"四字以赐。元朝至元二十三年诏赴阙庭,因奏对明敏而为元世祖礼敬。黄舜申有弟子数百,传"清微道法",后世称之为"祈天福国,弘道化人,役使雷霆,坐召风雨,斩灭妖邪,救济旱涝,拯度幽显,赞助皇民,即今人间清微雷法妙道是也"。具体内容则不脱斋醮、内炼、符箓之外,其符箓咒术亦以"清微梵气雷法"为主。

"灵宝经"自南北朝以来就受到民间的欢迎,入宋以后增累形成的《度人经》成为灵宝经的中心经典,得到更广泛的流行。灵宝经法原以斋醮祈禳为主,对整体道教包括后来的丛生各派影响极大,因此其本身也开始逐渐糅合新的元素。南宋初宁全真自称受灵宝嫡传,兴起"东华教",至南宋末林灵真绍继发扬,一时称盛。其主要特点,就是在祈禳、传度的基础上,融进了存想、内丹的修炼内容。

严格意义上,早期北方正一系已经在南北朝末融合进"三洞四辅"系统,天师后裔本已不再有崇高的教主地位。但由于强大的历史影响,"天师"嫡传仍在顽强地维系,并以"正一"之名展开新的发展。至宋,以南方龙虎山为活动地的正一道团得到某种意义上的"恢复",主要表现为自称张天师后裔者先后得到宋室的赐号:天圣八年赐信州龙虎山张乾曜号"澄素先生",崇宁四年赐龙虎山道士张继元号"虚靖先生"。龙虎山正一系恢复出现以后,南宋末重新得到发展,但就实质而言,仍属于新的丛生。

在这些丛生诸端中,还包括各种逐渐昌兴的地方性信仰。其中,较为重要的是江西南昌附近的许逊真君信仰。此一信仰渊源古老,约产生于东晋初期,以崇奉当时有惠于地方、具有神迹并飞升上仙的许逊真君为主要内容。此后虽渐有发展,但实际影响一直局限在江西南昌地区。宋室崇奉道教,许逊信仰也渐渐获得进一步扩张的条件,先是大中祥符年中升奉祀所在观为宫,徽宗时又赐许逊号为"神功妙济真君"。南宋时江西成为腹地,许逊信仰得到了更加深入的流传,最终成为新生道教"净明道"的直接资源。

金元时期

金自灭伪齐后,大致在以襄阳府为中心的东起淮河、西至京兆与凤翔府一线与南宋对峙。除女真族故地以外,金王朝的统治范围为传统意义上的中国世界的中原及北方地区。

农耕、游牧两大文化区域对抗、交融所导致的几大族群政权与传统中国王朝宋朝的大规模争斗,使公元 12—13 世纪成为中国历史上最为惨痛的时期之一。中原及北方地区因地理位置而首当其冲,成为惨剧上演的中心舞台。惨怛乱世孕育出又一个创生宗教兴盛的时代,也催生了另一个道教丛生与包容的高峰时期。从 12 世纪中叶开始以迄于元末,源于佛教者不论,在旧有道教基础上丛生的新兴道教就有太一道、真大道、混元道①、全真道、净明道等。这些新兴教派至少在初起时期都具有显著的创生宗教属性,带有强烈的救世运动色彩,旨在济生度死,拯救末世黎民。同时,它们也都具备中国宗教的特性,即和世俗伦理结合,融合三教,排斥旧有道教过于迷狂不经的方术,特别强调日常生活中的道德实践。② 在近一百年的时间里,这些救世宗教的宗师们确实也以仁为心,以勤苦为力,救死扶伤、劝恶向善,在很大程度上实践了他们的信条。元统一中国,民族矛盾和阶级矛盾并未得到缓解,乱世的景象依然如故,已有的救世宗教虽然或渐

---

① 混元道,史乏记载。据耶律楚材《西游录序》,混元与全真、真大、太一并列,"皆老氏之邪"。可证同为道教丛生教派。

② [日]秋月观暎:《中国近世道教的形成——净明道的基础研究》,丁培仁译,中国社会科学出版社,2005 年,第 177 页。

趋沉沦，或不免蜕化变质，但此消彼长，新的教派又不断滋生，创生宗教始终处于活跃状态。

太一道 太一道由道士萧抱珍创建于金初天眷年间，因传太一三元法箓，故名其教为"太一"(《元史·释老传》)。创教初期，萧抱珍广收门徒，传授法箓，使弟子建立太一堂，"奉持香火，以符药济人"。金皇统八年(1148)，熙宗召萧抱珍赴阙，赐以"太一万寿"观额。萧抱珍传萧道熙，萧道熙传萧志冲，萧志冲传萧辅道，是为后世太一徒众所尊奉之初祖至四祖。四祖萧辅道使太一道得到元廷的敕封，是光大太一道的关键人物。至元十二年(1275)，元世祖令建太一宫于两京，命太一道五祖萧居寿主持宫中祠事。元仁宗延祐二年(1315)和泰定元年(1324)，太一道七祖萧全祐和龙虎山正一玄教、全真道掌教等共同参预了金箓周天大醮。太一道至元末仍有流传，后来则渐渐消歇。太一道重符箓斋醮，行教以治病驱鬼、祈福禳灾为主。和龙虎山正一道相似，太一道保持旧有传统较多，新兴色彩较为淡薄，入元以后也和其他新教派一样都与王朝政治达成妥协。尽管如此，太一道历代宗师都强调忠信孝慈，并汲汲于周贫济苦、养老恤孤，所以得到庶民的尊奉，客观上也发挥了济世度人的宗教功能。

真大道 金皇统年中，沧州乐陵人刘德仁托称有老人授其玄妙道诀，创教并自名"大道"。五传而至郦希成，得到元宪宗的宠信，被授予"太玄真人"领教事，始名其教曰"真大道"。真大道是典型的创生宗教，创教者刘德仁具有明确的创教宗旨和鲜明的救世意志，"兴大道正教，以度末世黎民"，"以仁为心""济生度死"。虽取义于道教，以"无为清静""真常慈俭"为宗，但没有具体的依傍，"名吾教曰真大道，自为一支，不属在前道教所掌"，甚至不言"飞升化炼"和"长生久视"，而以孝亲、正直、俭约、苦行的道德信条和"不色、不欲、不杀、不饮酒、不茹荤"的戒律规范行教度人,因此得到很大程度的信奉,传其道者一时遍于中原。真大道起初并没有得到官方的支持,只是作为民间信仰而在社会上流行。五祖郦希成受封后,至元五年(1268),六祖孙德福嗣教,元世祖令其统辖诸路真大道;至元十九年(1282),八祖岳德文嗣教,元世祖授其为"崇玄广化真人",以掌教宗师统辖诸路真大道教事务。九传至张清志[①],掌教近二十年,在很多方面发扬了真大道教的原初精神,使之得到了进一步的传播。但不久其形式组织又复趋散漫,元以后融入社会宗教生活而泯灭不见。

金元时期规模最大、流布最广、影响最大的新道教是全真道。

全真道 由关中咸阳人王嚞创建。王嚞原名中孚,字允卿,五十岁时得道后改名为嚞(或作"嘉"),字知明,号"重阳子"。王嚞出生于当地的殷富之家,年少时研修举业,本来有望走上科举入仕的传统道路,但建炎四年(1130),金人占领终南所带来的荒乱时代摧毁了一切。同时,其家又遭盗贼光顾,家财为之一空。王嚞本具有宗教家的情怀,历经家国变故后愈生厌世求解之心,于金正隆四年(1159)自称在甘河镇得遇仙人接度,并谓出于钟离权、吕洞宾、刘海蟾一系,正式入道。王嚞先在一处弃坟中苦思近三年,又结庐修行四年,于五十六岁时的大定七年(1167)四月焚毁茅庵,出关传化。此后,全真道在金元时期的发展大致分为四个阶段:第一阶段是王嚞在山东地区传教度人,先后点化马钰、丘处机、谭处端、王处一、郝大通、孙不二、刘处玄七大弟子,建立"三教七宝会""三教金莲会""三教三光会""三教玉华会""三教平等会"等修道团体,确立了"全真"的立教宗旨。第二阶段是王

---

① 陈垣:《南宋初河北新道教考》,中华书局,1962 年。

喆于大定九年(1169)病故后,七大弟子分散各地传教修行。第三阶段从金兴定四年(1220)丘处机奉成吉思汗之召西行起,至元宪宗六年(1256)全真第四代教主李志常去世止,是全真道获得极大发展并臻至高峰的时期。第四阶段则是元宪宗八年(1258)全真道与佛教辩论后陷入低潮,元至大三年(1310)稍稍恢复,至元末趋于停顿。

全真道的宗教成就是由丘处机达成的。丘处机,金熙宗皇统八年(1148)生于登州栖霞县,父母早亡。幼名丘哥,王喆训名处机,字通密,号长春子,后来被尊为"长春弘道通密真人"。丘处机十九岁时遁入道门,一年后即成为王喆最年轻的入门弟子,但他的最后悟道却经历了长时间的艰苦修行和深刻思考。真积力久,学道乃成,这一经历是其最后能取得传法兴教成就的关键。金兴定四年(1220),远在征伐花剌子模途中的成吉思汗突然下诏征取当时在北方已颇具盛名的丘处机,要他"不以沙漠游远为念"前往觐见。尽管蒙古大汗的威严令人生畏,但丘处机没有选择逃避海上,而是毅然率十八弟子成行,"经数十国,为地万有余里。盖蹀血战场,避寇叛域,绝粮沙漠,自昆仑历四载而始达雪山",并在面觐威震天下的蒙古大汗时"每言欲一天下者,必在乎不嗜杀人。及问为治之方,则对以敬天爱民为本,问长生久视之道,则告以清心寡欲为要"(《元史·释老传》),表现出一位宗教家的不屈精神和高尚情怀。丘处机幸运地获得了成吉思汗的赏爱,被赐以虎符玺书,"掌管天下出家之人",又被成吉思汗允诺免除全真道士的赋税差役。借助此一机遇,丘处机返回河北后,在兵戈践蹂、黎民涂炭的中原地区,使门徒持牒招求于战乱之余,将不幸沦为奴隶、濒死更生的人们召入门墙以争取他们生存的机会,中原一带得救者不下二三万人。他又建立八种道会:平等、长春、灵宝、长生、明真、平安、消灾、万莲,以纳四方皈依之众。这些举动使全真道迅速壮大,进入极盛时期。

丘处机于金正大五年(1228)去世。其弟子宋道安、尹志平、李志常先后掌教,全真道依然处于快速发展的状态。尹志平主掌期间全真道继续受到蒙古皇廷的扶持,至李志常入主教门后,与蒙古皇廷的关系进一步密切,不仅为蒙古朝廷举行普天大醮、金箓大斋等,又受命掌理天下道教事务,全真道臻至顶盛。单就宫观来说,燕京地区全真道大小宫观已经接近百余所,河北、河南有二百到三百余所,山西大概也有百余之数,陕西可数者亦在百数以上。山东的数字不详,但也绝不会少。道众数量更为惊人,当时即有"无虑数千万人""黄冠之人,十分天下之二"的说法,虽不无夸张,但也基本反映了实况。全真道第三代中还有很多佼佼者从不同方面为教门建设做出贡献,其中最重要的是宋德方历经七年时间编成了七千八百余帙的新编道藏。宋德方在新编道藏中收入了大量的全真经典和师真著述,并与弟子共同撰述了相当数量的师真仙迹。

全真道的过度膨胀影响了佛教的利益,招致了佛教方面的不满。当时负责汉地统治的蒙古亲王忽必烈曾于1254年征伐大理时接受了西藏萨嘉派高僧八思巴的灌顶,开始倾向于佛教。蒙古宪宗八年(1258)七月,以全真道为首的道教一方在由忽必烈主持举行的佛道大辩论中失败,全真道遭受到严厉的处罚,参予抗论的十七人依约定脱袍、去冠、落发,焚毁《八十一化图》《化胡经》等攻击佛教的书版,归还侵占寺院、田产等,全真道由高峰开始坠落。元世祖即位建立大元王朝后,尽管全真道仍在持续活动,并随着元代的统一而向南方发展,形成了一些不同的支系,又于至元六年(1269)、至大三年(1310)两次得到元廷的正式册封,但独特地位已经丧失,形式组织也趋于松散。

全真道是南宋金元惨怛困苦时世最典型的创生宗教。王重阳具有较为明显的末世思想和救世观念,虽然同样也取资旧有道教,自称为吕洞宾一脉之传,但和真大道一样依傍不多。自丘处机昌兴教门后,形式、组织、仪式方完全归于道教,然而仍保持并发扬了创生宗教的鲜明特色,发挥了宗教应有的社会功能。全真道也能够和世俗文化相互融合、进行自身义理建设,成为具有中国特色的新兴宗教,其宗教观念具有明确的三教合一思想,吸取了较多的佛、儒心性之说,总体呈现出"其谦逊似儒,其坚苦似墨,其修习似禅,其块然无营又似夫为浑沌氏之术者"(元好问《太古观记》)的融会特色;修行方法以"识心见性、除情去欲"为正道,注重内丹修炼以全真保性,排除符箓与外炼之术;实践方面则强调出家居观的修行,以"忍耻含垢、苦己利人"为宗救世度人。全真道在明清时期又与其他道教传统和丛生元素发生混杂,在最终的道教包容体中占有重要的地位。

净明道 另外的新兴道教还有净明道。前已述及,江西南昌地区渊源有自的许真君信仰在南宋时期得到了进一步的传播,影响也日益扩大,已经出现了有一定师承统绪的传法者。到了元世祖的至元年间和元成宗的大德年间,当地的一位隐士刘玉自称受到许真君的降授,取用南宋初年传播许真君信仰者所创立的"净明"之名,正式开创了净明道。此后,刘玉及其传人系统地建构了许逊以降的仙真谱录和传法世系,编纂整理了以《净明忠孝全书》为代表的多种经典,影响渐渐扩大。

和南宋金元的诸多新道教相同,净明道也具有鲜明的三教合一倾向,但更显著的特点是主张"不昧心君,不戕性命,忠孝存心,方便济物""以忠孝为本,敬天崇道,济生度死为事""贵在忠孝立本,方寸净明,四美(孝悌忠信)俱备,神渐通灵,不用修炼,自然道成"。因此,尽管它源于丛生的许真君信仰而保留了一些道教元素如符箓禁咒等,但其"忠孝为本"的思想宗旨,已经和以儒家理学为主导的社会伦理道德完全合流。净明道的思想在明代士人中得到了较大的响应,同时也影响了民间善书、功过格的内容取向。

龙虎山正一天师道 宋代得到恢复的龙虎山天师一系,凭借天师道的传统渊源和强大的历史影响力,在元代得到进一步的尊奉,元至元十三年,元世祖平定江南,曾遣使征召天师世系三十六代传人张宗演,命其主领江南道教。元成宗大德八年,第三十八代张与材被封为"正一教主",主领江南三山符箓。终元一代,正一天师传嗣不替。至明洪武年间,第四十二代天师张正常撰成《汉天师世家》(后经第四十三代、五十代增补),进一步固化了天师世系,使龙虎山正一道成为名义上道教传统的代表。正一道虽然同样和丛生元素有所混杂,但仍以保持传统道教的符箓禁咒为主,也是道教最后包容体中最重要的组成部分之一。

明清时期

　　明代以降至 19 世纪中叶，是皇权独裁体制和中央集权国家进一步强化的时期。一方面，社会经济得到一定发展，社会生活不断丰富；各阶层虽然分立明显，但上下流动机制仍然存在，一般乡绅取代精英贵族成为社会主导阶层。另一方面，思想禁锢、忠孝道德约束和人身控制极严，商品经济没有取得突破，血缘伦理原则持续加固，皇权、神权、族权得到统一，社会矛盾依然突出。

　　集权帝制时期宗教的政治和社会境遇　　总体来看，明清国家政权的宗教政策是：对于作为社会团体的相对组织化、制度化的佛、道教（以皇帝赐额的重要寺观为中心，以出家僧、道为主体），由国家予以专门的政治控制和行政管理，特别是在寺庙的承认、田产赋税的蠲免、度牒发放和对出家人数的控制等方面，尤其严格。皇帝有时甚至直接进行调整，如明太祖朱元璋下令佛教寺院进行合并，"自今天下僧道，凡各府州县寺观虽多，但存其宽大可容众者一所并而居之，毋杂处于外，与民相混"（洪武二十四年敕，《太祖实录》卷一百八十四）。在严格管理的同时，统治者要求所有宗教的理念、行为全面襄赞国家权力，服务于治道。在这方面，对佛教的管理要比道教更加严谨。

　　对于在民间发挥其社会功能的普化的佛、道教（以信仰为中心，以普通寺观、地方祠祀、游方僧道、民间师巫为主体），国家政策和地方管理要求它们必须保持与世俗伦理的一致，成为社会道德维系的神圣力量。无论是传统的佛道教门派，还是民间丛生教派或新兴创生宗教，一旦不能厚人伦、敦风俗，则斥之为"迷信""淫祀"而加以禁绝。

至于坚持创生宗教本性，坚决反对现世，对抗世俗政治并发动革命的救世宗教，国家政治则视之为邪教而予以镇压，社会一般观念总体上也予以排斥，使之不得不转入地下而成为秘密宗教。朱元璋本人即来自于明教和白莲教起义，但一旦成为皇帝掌握政治权力，便反过来对这些救世宗教予以禁绝。

然而，这些基于儒家政治思想的统治政策并不能消除帝王的佞佛或崇道。集权帝制时期的皇权已达到了绝对的地位，必然造就人主的荒淫。明代诸帝无不迷信金丹之术，明世宗等特崇道教，广设斋醮，恩宠道士，均不外为一己长生所计虑，与国家管理宗教的基本政策并不矛盾。

道教包容体　缘于元以来全真、正一的强大影响，明代初期道教在名义上即被视为全真、正一两大派系，其他丛生派别均可涵括在内。洪武七年明太祖《御制玄教立成斋醮仪序》曰："朕观释道二教，各有二徒，僧有禅有教，道有正一有全真。"明张宇初《道门十规》亦曰："曰教则有正一、全真之分，曰法则有清微、灵宝、雷霆之目。"反映出一般认识上对当时所谓正统道教的归纳，这一情况一直延续到清代晚期。实际上道教的丛生仍然十分显著。一是表现为各种利用道教资源的新创生宗教。明清时期是创生宗教的又一个高峰时期，但绝大部分都因为不容于政治统治和社会一般价值观念而转入地下成为秘密宗教。明清大大小小数百种秘密宗教，虽然主要吸纳佛教内容，但采自道教者亦复不少。二是各种宗派纷纭不绝，开山立宗或自托师承者比比皆是。其中，明永乐至正统年间，道士张三丰所创一派影响巨大，后世传承不绝；全真一系中龙门一派在明代成为主流，至清代势力复兴，遍传各地，支脉繁多。三是地方道教信仰十分活跃，茅山、武当山、终南山楼观、江西龙虎山、阁皂山等旧有圣地以及其他名山洞宫，在当地都有极大影响，并各具特色。明清时期，"包容"和"普化"超过了"丛生"，成为道教发展的主要内容。

《正统道藏》《万历续道藏》的编纂　明成祖始令重编《道藏》，至明英宗正统十年（1445）编峻校定付印，仍按三洞、四辅、十二类分类，共五千三百零五卷，四百八十函，以《千字文》为函目，自"天"字至于"英"字。明神宗万历三十五年（1607），第五十代天师张国祥奉命续补，凡三十二函，一百八十卷，仍以《千字文》为函次，自"杜"字至于"缨"字。正统修、万历续的《道藏》合计共五千四百八十五卷，五百一十二函。

明修《道藏》是古代最后一次编纂道藏，喻示着道教"经教"和"科教"的终结，但并不意味着道教发展的结束。明清迄于近代，道教的发展体现在和佛教及世俗伦理的融合以及"普化"之中，道教包容体最后成为中国古代社会一般宗教亦即普化宗教的重要组成部分，发挥着显著的社会功能。

原典阅读

《云笈七签》"道教所起"

【解题】

此段文字出自宋张君房所编道教类书《云笈七签》,是道教整合过程中主要依据灵宝新道教的观点所提出的关于自身起源的新理论。此一理论修正了道教"起自庄周,始乎柱下"的旧有说法,将道教起源归结为宇宙自然的启示;同时尊崇三洞经教,以"元始天尊"为至上最高之神。(此据李永晟点校本,中华书局)

【原文】

寻道家经诰,起自三元①;从本降迹,成于五德②;以三就五,乃成八会。其八会之字,妙气所成,八角垂芒,凝空云篆,太真按笔,玉妃拂筵;黄金为书,白玉为简,秘于诸天之上,藏于七宝玄台,有道即见,无道即隐。盖是自然天书,非关仓颉所作。

今传《灵宝经》者,则是天真皇人于峨嵋山授于轩辕黄帝。又天真皇人授帝喾于牧德之台③,夏禹感降于钟山④,阊

---

① 三元:道教称天、地、水为"三元"。《云笈七签》所引《元气论》云:"夫混沌分后,有天地水三元之气,生成人伦,长养万物。"亦曰以日、月、星为"三元",众说不一。

② 五德:此处"五德"指"五行",即金、木、水、火、土。《孔子家语·五帝》:"昔丘也闻诸老聃曰:天有五行,水、火、金、木、土,分时化育,以成万物。"

③ 帝喾:又名高辛氏,上古贤君。灵宝经认为,帝喾曾于牧德台受法,见《云笈七签》"三洞品格":"帝喾之时,九天真王驾九龙之舆,降牧德之台,授帝喾此法。"

④ 夏禹:即大禹,上古贤君。灵宝经认为,夏禹曾于钟山感应于天,因而获传经书,见《云笈七签》"三洞品格":"帝(帝喾)后封之于钟山。夏禹所感之书出见,有异今略序者。按《真一自然经》云:太极真人夏禹,通圣达真。太上命钞出灵宝自然经,分别有大、小劫品经。"

间窃窥于句曲①,其后有葛孝先之类,郑思远之徒,师资相承,蝉联不绝。

其老君《道德经》,乃是大乘部摄②,正当三辅之经,未入三洞之教。今人学多浮浅,唯诵《道德》,不识真经,即谓道教起自庄周,始乎柱下③。眷言弱丧④,深所哀哉!蠡酌管窥,一至于此。何者?寻老君生于殷末,长自周初。托神玄妙玉女,处胎八十一载,逍遥李树之下,剖左腋而生。生即皓然,号曰老子。指树为氏,因姓李焉。其相也,美眉黄色,日角月悬⑤,蹈五把十⑥,耳有三门⑦,鼻有双柱⑧。周德下衰,世道交丧。平王三十三年十二月二十五日去周西度,青牛薄辇,紫气浮关,遂付《道德真经》于关令尹喜。由此明道家经诰,非唯《五千》;元始天尊,实殊老君。岂唯年代差异,亦有位号不同。若为名三界:一者欲界……二者色界……三者无色界天。……太虚无上常融天、太释玉隆腾胜天、龙变梵度天、太极平育贾奕天,此四天名种民天。即三界之上,三灾所不及。四种民天上有三清境,三清之上即是大罗天。元始天尊居其

---

① 阖闾:春秋时吴国君主。灵宝经认为,阖闾曾于包山见到天帝所传经书。见《灵宝五符经》卷上。

② 大乘:本指佛教中大乘教,倡导普渡众生。《大方等大集经》云:"其乘广大故名大乘。"此处援佛入道,指《道德经》同样具有大乘教的特性。

③ 柱下:即老子。老子在周任柱下吏,故称。

④ 眷言弱丧:回顾往事,不明渊源所自。眷言,回顾貌,又作"睠言",《诗经·小雅·大东》:"睠言顾之。"弱丧,《庄子·齐物论》:"予恶乎知恶死之非弱丧而不知归者邪!"郭象注:"少而失其故居,名为弱丧。夫弱丧者,遂安于所在而不知归于故乡也。"

⑤ 日角月悬:日角,相术术语,指额骨中央部分隆起,形状如日。旧时相术家认为这是帝王之相。月悬,或指月角,即将额骨隆起的左右两边分配日、月,故名。朱建平《相书》云:"左角日,右角月,王天下也。"

⑥ 蹈五把十:相传老子脚有"五"字纹,掌有"十"字纹。

⑦ 耳有三门:三门,或言"三漏门"。相传老子耳有三窍。

⑧ 鼻有双柱:柱指鼻中隔。相传老子鼻有三孔。

中,施化敷教。

王安石《重建旌阳祠记》

【解题】

此文由日本学者秋月观暎辑自乾隆本《逍遥万寿官志》卷十五,谓为王安石佚文(秋月观暎《中国近世道教的形成——净明道的基础研究》,丁培仁译,中国社会科学出版社,2005年,第130页)。文章客观地记述了许逊信仰的由来及其特色,并从儒家的角度进行了评价。

【原文】

自古名德之士不得行其道以济斯世,则将效其智以泽当时,非所以内交要誉也;亦曰士而独善其身,不得以谓之士也。后世之士失其所宗,靡烂于章句训传之末,而号为颖拔者,不过利其艺,以于时射利而已;故道日丧而智日卑。于是有不昧其灵者,每厌薄焉:非士之所谓道者,名不副其实也;亦以所尚者非道也。呜呼,其来久矣!晋有百里之长曰许氏者,尝为旌阳令,有惠及于邑之民。其为术也,不免乎后世方伎之习,如植竹水中,令疾病者酌水饮焉,而病者旋愈。此固其精诚之所致也。而藏金于圂,使囚者出力而得之,因偿负而获免于桎梏,岂尽为方伎之所为者?以是德于民。暨后斩蛟而免豫章之昏垫,大抵皆其所志足以及之:志之所至,智亦及焉。是则公之有功于洪,论者固自其道而观之矣。夫以世降俗末之日,仕于时者得人焉;如公亦可谓晦冥之日月矣。公有功于洪,而洪人祀之虔且久。祥符中升其观为官,而公亦进位于侯王之上。于是州吏峻其严祀之官室,与王者等,兹固侈其功而答其赐也。工弗加壮，中焉以圮。今师帅南丰曾君巩慨然新之。巩，儒生也，殆非好尚老氏之教者，亦曰："能御大灾，能捍大患则祀之，《礼经》然也。"国家既隆其礼，于公则视其陋，而加之以丽，所以敬王命而昭令德也。书来使余记之。余尝有感于士之不明其道而泽不及物者得以议吾儒也，故于是举乐为之述焉。元丰三年八月既望。

虞集《真大道教第八代崇玄广化真人岳公之碑》

【解题】

本文选自元虞集《道园学古录》。文中叙述了金末新道教的产生背景，并对真大道的行教特色作了简明扼要的归纳。

【原文】

国家混一海宇，兼进群艺，俾各得自致其功，罔或遗佚。是故祷祠祓禳之事有属诸道家者，其别数宗。而真大道者，以苦节危行为要，不妄求于人，不苟侈于己，庶几以徇世夸俗为不敢者。昔者金有中原，豪杰奇伟之士往往不肯婴世故，蹈乱离，辄草衣木食，或佯狂独往，各立名号，以自放于山泽之间。当是时，师友道丧，圣贤之学湮泯澌尽，惟是为道家者多，能自异于流俗，而又以去恶复善之说以劝诸人，一时州里田野，各以其所近而从之。受其教戒者，风靡水流，散在郡县，皆能力耕作，治庐舍，联络表树，以相保守，久而未之变也。

《元史·释老志》选

【解题】

《元史·释老志》道教部分记述了南宋金元以来各种新道教的大致情况。其关于全真道的部分以丘处机晚年觐见成吉思汗及后来昌大教门的经历为主,叙述较为客观。

【原文】

丘处机,登州栖霞人,自号长春子。儿时,有相者谓其异日当为神仙宗伯。年十九,为全真学于宁海之昆仑山,与马钰、谭处端、刘处玄、王处一、郝大通、孙不二同师重阳王真人。重阳一见处机,大器之。金、宋之季,俱遣使来召,不赴。

岁己卯,太祖自乃蛮命近臣札八儿、刘仲禄持诏求之。处机一日忽语其徒,使促装,曰:“天使来召我,我当往。”翌日,二人者至,处机乃与弟子十有八人同往见焉。明年,宿留山北,先驰表谢,拳拳以止杀为劝。又明年,趣使再至,乃发抚州,经数十国,为地万有余里。盖蹀血战场,避寇叛域,绝粮沙漠,自昆仑历四载而始达雪山。常马行深雪中,马上举策试之,未及积雪之半。既见,太祖大悦,赐食、设庐帐甚饬。

太祖时方西征,日事攻战,处机每言欲一天下者,必在乎不嗜杀人。及问为治之方,则对以敬天爱民为本。问长生久视之道,则告以清心寡欲为要。太祖深契其言,曰:“天锡仙翁,以寤朕志。”命左右书之,且以训诸子焉。于是锡之虎符,副以玺书,不斥其名,惟曰“神仙”。一日雷震,太祖以问,处机对曰:“雷,天威也。人罪莫大于不孝,不孝则不顺乎天,故天威震动以警之。似闻境内不孝者多,陛下宜明天威,以导有众。”太祖从之。

　　岁癸未,太祖大猎于东山,马踣,处机请曰:"天道好生,陛下春秋高,数畋猎,非宜。"太祖为罢猎者久之。时国兵践蹂中原,河南、北尤甚,民罹俘戮,无所逃命。处机还燕,使其徒持牒招求于战伐之余,由是为人奴者得复为良,与滨死而得更生者,毋虑二三万人。中州人至今称道之。

　　岁乙酉,荧惑犯尾,其占在燕,处机祷之,果退舍。丁亥,又为旱祷,期以三日雨,当名瑞应,已而亦验。有旨改赐宫名曰长春,且遣使劳问,制若曰:"朕常念神仙,神仙毋忘朕也。"六月,浴于东溪,越二日,天大雷雨,太液池岸北水入东湖,声闻数里,鱼鳖尽去,池遂涸,而北口高岸亦崩,处机叹曰:"山其摧乎,池其涸乎,吾将与之俱乎!"遂卒,年八十。其徒尹志平等世奉玺书袭掌其教,至大间加赐金印。

道教的义理化历程与文化创造

在中国文化背景下,中国古代宗教都同时经历了两条道路的演进:一条是义理化之路,一条是普化之路。道教作为本土宗教的包容体,两条道路并行发展的历程尤其明显。关于"普化"将在下一章中再予探讨,本章着重介绍道教的义理化历程及其带来的文化创造。

所谓"义理化",指的是保持宗教追求终极目标的本色,通过对宗教神学核心的建设,发展出宗教性的哲学、知识、道德伦理、文学、艺术等等。道教的义理化同时在两方面进行:一个方面是借助于道家哲学,并与佛、儒相互融合,不断深化对宇宙、人生、善恶是非及最后解脱的认知。另一个方面是努力解决与世俗文化的关系,从一开始就在中国文化内核的作用下构建宗教道德信条,从而使之和中国化佛教一样,都与世俗伦理达成融合并最终契合为一,发展出伦理型的宗教,从而促进"普化"。宗教义理化的内容并不完全是宗教精英们的创造,它也是宗教信仰者集体意识的产物。这种义理化信仰被整个社会所分享时，就成为了中国文化整体性的组成部分。

道教最重要的思想来源是先秦道家和秦汉新道家。《老子》《庄子》到《淮南子》以及包含此一时期道家观念的其他文献如《鹖冠子》《文子》《列子》等，从各个方面探讨了宇宙的终极规律和人生的解脱之道，发展出道法自然、清静无为、齐同生死、泯然物我、与天为期、和光同尘等观念，成为道教的思想基础。

东汉末年的创生宗教有意识地构建理论，《太平经》具有明显的期望太平、逃脱苦难，乃至解决根本问题的思想观念，含有以末世论为基础的"救世主义"和"千年王国主义"因素，在其后南北新道教中都有不同程度的修正，并发展出新的特色。道教的直接来源"五斗米道"也有一定的义理建设，"三张"中的张鲁编撰《老子想尔注》，首次以神学观念解释《老子》，开辟了以《老子》为根本经典进行道教哲学构建的先河。《老子》的神学阐释经过魏晋南北朝的积淀，在唐代臻至高峰。其中，以李荣、成玄英、王玄览为代表，以《老子》第一章"玄之又玄，众妙之门"之"重玄"为中心阐解发挥老子的一派最为显著。

两晋之际，葛洪系统地完善了神仙理论，其著作《抱朴子内篇》禀持其独有的逻辑原则对"学仙可成"进行证明，从各个方面提出了神仙的存在以及作为解脱的合理性与可能性，并研究发明了以"金丹大道"为主的具体方法，为道教的理论和实践奠定了基础。东晋南朝南方灵宝、上清新道教进一步丰富了修真上仙的神学理论和具体方法，陆修静、陶弘景在很多方面都有重要贡献。唐代，司马承祯有《天隐子》《坐忘论》《太上升玄经注》等著作，进一步发挥"神仙可学"，提倡方便易行的修行理念。吴筠撰《神仙可学论》，提出"远于仙道有七焉,近于仙道亦有七焉"并予以具体阐论,详细指明了学仙以成的日常方针。

单纯就修炼方法而言,道教总体上呈现出由外而内的发展趋势,即由"外丹"转向"内丹"。"外丹"主要是外炼丹药,服之飞升;"内丹"主要是"借用烧炼外丹的经验、理论、术语等来炼养自我生命。他们以人体为丹房,以心肾为炉鼎,以精、气、神为药物,以意念呼吸为火候,'假名借象',在人体内部'炼丹',以求长生不死,变而成仙。因而,内丹术实际上是一种'人体生命炼丹学'"。① 内炼之术渊源甚古,南方道教早期经典《黄庭经》《周易参同契》已有初步涉及,上清道教的存思、行气之术实开内炼先河,中唐时期内丹修炼之术初具端倪,②晚唐五代出现了一大批托名于钟离权、吕洞宾、刘海蟾的论述,如《灵宝毕法》《钟吕传道集》《还金篇》等,进一步丰富了内丹的理论与方法。入宋以后特别是南宋末,以南方的张伯端和北方全真新道教为代表,命体内炼又融合心性修炼的内丹成为主流。

方法上的由外而内实际上是与道教神学理论同步发展的。中唐至宋,儒家思想不断吸收佛教特别是禅宗学说,逐渐酝酿出心性哲学,并同时影响到道教。内丹已成为道教义理化的核心信仰之一,它排斥一切炼气服曜、注想按摩、存神闭息、休妻绝粒、补脑还精和炼丹服药等外炼之术,也不主念经持咒、噀水叱符之法,而是转向心性内炼以与宇宙化合。内丹道不仅是方法意义上的新变,更重要的是道教神学理论与儒、佛的相互融合和提升。

道教与儒、佛的融合并发展为伦理型宗教的过程,同样

---

① 王家祐、郝勤:《内丹之丹及其文化特征》,《道家文化研究》第九辑,上海古籍出版社,1996年。

② 张广保:《唐宋内丹道教》,上海文化出版社,2001年。

是在道教的直接来源——东汉末各种本土创生宗教出现后的义理化提升之中就开始的。《太平经》的"承负"，吸收了佛教轮回之说，创立了来世受报的观念，[①]成为"因果报应"的滥觞。东晋以降的南北新道教同样取资佛教，建立了系统的宗教戒律和道德信条，较早有《老君说一百八十戒》，南北朝则有以《太上洞玄灵宝智慧罪根上品大戒》为代表的一系列古灵宝经戒。同时，道教的宗教道德信条和大化东流的佛教一样，也开始与社会一般伦理道德融合，特别是士人参与到创生宗教的义理化过程中以后，糅合传统道德成为最重要的义理建设。

葛洪解决处理了"神仙可学"的现世伦理问题，通过对皇帝成仙的否定和对民间"鬼道"的批判，成功地构建了一系列伦理原则，把儒家伦理引入修道的范畴内。南方新道教上清系和后来的整理发扬者陶弘景，在传统冥界观念的基础上构建了由"地下主者""冢讼""酆都""鬼官"等内容组成的一整套地狱学说，整合了丰富的世俗道德内容。唐吴筠将道教"道、德"本体和儒家"仁义礼智"进行了辩证统一，"内道德而外仁义，先素朴而后礼智，将敦其本，以固其末。犹根深则条茂，源浚则流长，非弃仁义、薄礼智也"(《玄纲论》)。从此以后，道教包容体宗教道德信条的建设完全走上了和以儒家伦理为主导的社会一般道德相互契合的道路。金元时期的全真道融合三教，以理学的日常生活的道德品质为修行准则，元明净明道直接标榜"忠孝"，是道教义理完成其伦理型宗教构造的标志。

---

① 汤一介:《早期道教史》,昆仑出版社,2006 年。

抱朴归真：道教神学的核心

道教的基本教义是："道"是宇宙的本元，"道者，虚无之系，造化之根，神明之本，天地之源。其大无外，其微无内，浩旷无端，杳冥无对。至幽靡察而大明垂光，至静无心而品物有方。混漠无形，寂寞无声，万象以之生，五音以之成。生者有极，成者必亏，生生成成，古今不移"（吴筠《玄纲论》）。"道"化身众神，统领群仙，主宰万物。人可以通过虔诚向道，积善行德、外炼命体、内炼心性、兼以众术，最终灵肉不死，飞升上仙，得以召劾鬼神，却灾除祸，救度众生。

道教神学的核心 义理化道教更接近于"宇宙论"或"宇宙主义"式的宗教：以宇宙自然为本体，以宇宙的本元、特征和基本规律——"道"——为信仰，通过对它的不懈追求以达到与宇宙自然本体的化合而得到解脱。一切宗教皆以末世论为主体，但是义理化的道教对此进行了修正，从而创造出一种宇宙末世论，即末世的发生不肇自于现实的灾难和神的审判,而是基于天地运行的法则,因此只有体悟道体发现宇宙的本元,遵循此一本元所要求的规范,便能够飞升上仙,超越一切。所有的宗教也都以"启示"为基本表象,即人创造了神而获得神的"启示"。"启示"在表面上是神向人显示真理,但实质上则是人的创造。道教的启示也是一种"宇宙启示",就是宇宙及自然的根本原理与基本法则由得道者通过与宇宙自然的契合而获得启悟,并传与向道的种民。

道教的宇宙主义本质,使其核心观念具有显著的特点:

第一,道教宗教哲学中自然意识和生命意识极为突出。道教以宇宙为本体,将道家哲学中对自然的尊崇上升到宗教的终极信仰,自然已不是身外之物而是至上之神,人的解脱即是与自然合一。道教同时认为,生命是宇宙造化的一部分,"道"与"生"相守相保,须臾不离,①同样被置于本体之中,"万物之中,人称最灵。性命合道,当保爱之"(《太上老君内观经》),从而也成为信仰的对象,永生不死成为终极追求。道教这种以自然、生命为本体的意识,发展出一种抱朴归真、物我同一、和谐化合、宁静愉悦的思想,是中国文化复合体中最重要的观念之一。

第二,道教具有浓厚的宗教神秘主义(mysticism)因素。道教的根本追求是使自身融合到万物的一体性亦即宇宙本元——"道"之中,所以必然具有一种超验的、元经验的、直觉的、对不朽和永恒之物的神秘性体验,亦即注重对隐藏在"虚无"中的真理的体察,强调人与"道"获得精神上的和合。内丹道的兴起并成为主流,正是神秘主义因素不断发挥其内在作用的结果。

第三,道教方法论以"模拟自然"的思想原则和方法手段

---

① 李养正:《道教概说》,中华书局,1989年,第238页。

为核心。"模拟"是古代巫术类型之一,即根据"同类相生"或"果必同因"的原始思维原则,通过模仿以实现控制外物的目的。道教本多取资于古代巫术,出于对自然的信仰,其模拟行为则以模拟自然为主,即以自然现象所提供的因果关系为依据,模仿自然现象的客观动作以创造各种技术手段。"模拟自然"虽然基于错误的原则,但在客观上仍具有较强的理性因素,它直接造成了对一切自然现象包括天地日月星辰风雨雷电及草木虫鱼乃至人的身体的详尽观察和归纳探究,属于一种前科学和伪科学的实践。

"神"的性质　每一种宗教所创造的"神"的性质,都是其特性的集中体现。道教最后包容体的神祇数量繁多,内涵复杂。综合分析,可分为三类:第一类是至上神及其辅助神,第二类是教主或祖师神,第三类是得道仙真而为后世奉祀之神。

至上神亦即最高神,是一切宗教的基本表像。道教最后的至上神是"三清":玉清境清微天元始天尊、上清境禹余天灵宝天尊、太清境大赤天道德天尊。道教至上神的发展颇为复杂,最早奉老子(太上老君)为神,但在各新道教中地位不一,上清系中被奉为"太极金阙帝君",后来转化为三清之一的道德天尊。西晋末期,灵宝道教的来源——民间创生宗教将传统最高天神"太一"和佛教至尊相融合创造出"元始天尊",影响逐渐扩大,在陶弘景整理的《真灵位业图》共七级的体系中占据第一级中位,亦即成为最高神的统领。东晋新道教出现后同时又有"太上道君",后来则转变为"灵宝天尊"。当时的"上皇高真"并不只有三个,但太上老君、元始天尊、太上道君渊源独特,再加上切合于东晋南北朝之际的道教整合,至唐代逐渐定型。

道教至上神"三清"不仅在理论上都是"道"的化身,而且其本身就是"天"之尊主,因此本质上就是自然宇宙之神,反映出道教"宇宙主义宗教"的性质。"三清"并不是真正的人格化神祇,元始天尊、太上道君(灵宝天尊)自始至终都没有拟人化;"道德天尊"虽然源于老子,但人格化色彩日趋淡薄;相反,老子最后实际成为"教主"之神,而自然宇宙之神的位子则让给了"道德天尊"。道教至上神还有很多辅助神,如诸天之帝、后土之皇以及日月星辰等等,同样呈现出自然神的面目。最重要的是,道教至上神仅仅是道教义理化层面上的存在,真正发挥其社会功能的至上神在不同的时代、不同的教派中还有不同的表现。一言蔽之,道教的至上神虽然存在,但不是宗教应有的人格化神祇,而是作为"道"的化身的自然神,它在道教中并不发挥太大的宗教功能。

道教的教主或祖师神既是新创生道教的教主,同时也是其真正尊奉的、实际发挥至上神作用的神祇。道教的教主或祖师神中最重要的是老子、张道陵,后期的重要新道教的创始人(或拟托者)如吕洞宾、许逊、王重阳、丘处机等也是教主神的典型。宋以后一切被尊称为"祖"的传道之师,同样也具备此一类神祇的性质。道教的教主或祖师神的繁多复杂,是道教丛生和包容性质的反映。

道教神祇的第三个类型"得道仙真",在严格意义上是所谓"先知"之神,即得到至上神的启示并通过修炼以超凡入圣者。他们中间有不少是神话英雄,但更多的则是现实生活中被认为已经"白日飞升、尸解神变"的神仙。如果他们修道成仙后犹能不忘解救人世苦难,则会得到不同程度的奉祀从而演变为宗教之神,同样具备"神"的根本性意义。道教以长生不死为终极目标,神仙是完全合理的、可能的存在,因此得道仙真无时不有、无地不有。元赵道一编《历世真仙体道通鉴》,称宋"宣和间考古校今,述所得仙者五万人",其本身则收集有"实行可纪"者七百四十余人(《续编》《后集》又收一百五十余人)。至于社会生活中播于人口、塑造于通俗文学和民间文艺中的俗神,则不可尽数。

道教在表面上是一种多神教,但这种"多神"并不同于原生宗教的"泛神"。道教的多神,从共时看,实际上是一个广大区域的多种创生宗教状态的反映;从历时看,则是道教包容体发展、形成的典型特征。在义理层面上,道教以宇宙自然神为至上神;在实际情形中,道教包容体中的每一创生教派或丛生教门,无不具有独有的奉祀之神,并不缺乏一神教的性质。道教是一种历时形成的包容体,也就是多个一神教的集合,所以才形成多神教的外貌。

神圣世界(天堂) 文明以后的一切创生宗教无不追求彻底的解脱,即超越现世而达至彼岸。彼岸世界亦即神圣世界(天堂)的性质和构造,同样是宗教神学的核心内容。道教的神圣世界的构造吸取了很多佛教的宇宙论内容如"诸天"观念等,但仍具有极其显著的特性。

道教的神圣世界即所谓"仙境",它是一种凡人无法感觉的,不同于现实天地山川、日月星辰的另一个宇宙。此一大宇宙又包括很多神圣的小宇宙,这就是道教所谓"洞天福地"。"洞天"和"福地"性质基本相同,只是在神圣大宇宙中的地位高低不一。

"洞天"源自古代原始信仰。在古人的心目中,洞是深山大海所蕴藏的幽府,是人经验不及的神秘世界,因此必然是拥有神谕、天启和宝藏的所在。六朝时期的南方早期神仙道教在此基础上构造出"神谕之所""藏宝之洞",上清新道教又进一步增添了"度灾之府"的意义,最终定型为一个"空虚内涵、别有日月,神灵往来、仙真所领"的神仙世界。至少在南朝时期就已经有"三十六洞天"之说,到了唐代进一步组织化、系统化和圣数化,发展为"三十六洞天"和"七十二福地"的神圣世界系统。

道教的神圣世界"洞天"实质上反映了对宇宙的尊奉,形式上是模拟宇宙自然客观世界的结果。

道德信条　道德信条是宗教不可或缺的部分。在万物有灵观念基础上产生的古代原始宗教就已经被注入道德内容,文明以后的创生宗教更加关注善恶、是非的来源、性质这一人类社会的根本问题,因此必然要建立自身的世界观和价值观,并通过伦理道德信条表现出来。

道教的道德信条在总体上可以归纳为:上天褒善惩恶、好生恶杀;信众只有积累功德才能晋升仙界,必须努力救赎祖先同时获得自救,如果"煞伐积酷"即身负罪恶只能死后为鬼。这一道德信条在本质上与中国化佛教和以儒家为主导的世俗文化的伦理道德观念是深相契合的。宗教中的道德观念与经济和社会的复杂性特别是农业社会中贫富的分化和阶级的存在有关,因此中国古代社会中得以普化的道教包容体,其道德信条必然与同样普化的中国式佛教以及世俗文化一样,成为社会特性的反映,而不可能成为独特的例外。否则,便会遭到社会的排斥,成为地下的秘密宗教。所以,道教原本所继承的一些道家思想观念,如主张绝圣弃智、高蹈隐遁以摆脱现实伦理的拘碍等,只能作为思想的一端而存在,不可能成为社会一般道德准则。

蓬山缥缈:道教与文学、艺术

宗教和文学是一对孪生兄弟,祭坛就是文坛。最早的文学特别是最精粹的形式——诗歌,与乐、舞同源,都来自于原始宗教的献祭仪式。对神灵的献祭,无论是危难之时的祈禳还是丰收之际的酬报,都需要与神灵沟通。诗正是人与神互通款曲的媒介,表达着人们对神灵的无限希冀和挚诚信仰。宗教首先催生了"宗教文学","宗教文学"既是宗教的工具,更是宗教的表现和象征。

道教文学 道教神学建立在宇宙启示的基础上,所以从一开始就重视"文"的神谕意义。道教认为,宇宙的启示降诸有缘,不可轻泄,所以表现为神秘的"三元八会"之文,具有神圣超凡的意义。因此,文学成为道教的承载形式和象征体系。其中,最重要的是启示文学和仪式文学。

"启示文学"就是用精粹的文学形式表达神灵的天启,其最根本的特点是充满各种深刻的隐喻和丰富多彩的象征。道教启示文学主要包含在南方神仙道教早期经典中,其形式特点是多采韵语形式,如《周易参同契》《黄庭经》等。上清道教的根本经典《大洞真经》已采用当时较成熟的五言体,文字典雅艰深。《真诰》中仙真的降谕和彼此对答之诗,不仅形式纯熟,而且极具丰富的象征性与隐喻意义,开启了后世启示、教谕和宣化诗歌的先河。后世内丹道,基本上都是用诗、词的形式表达其神秘性体验和秘密教示。

南方神仙道教上清系的基本典籍《真诰》是道教中最典型的启示文学。在这部托名于"仙真降诰"但实际是上清创教者集体创作的大型文本中,呈现出叙事、戏剧化场景、诗歌、书信、祷文等多样化的体裁,以丰富的想象营造出瑰丽的图景,传达上清创教者那种与道合一的神秘性体验,体现出以象寄意、委婉含蓄的典雅文学特征。

道教仪式文学主要是神圣仪式中的赞颂乐章和祈禳之文。

赞颂是"三洞"十二种文体之一,《道教义枢》卷二:"第十一赞颂者,如五真新颂,九天旧章之例是也。赞以表事,颂以歌德,故诗云:颂者,美盛德之形容。亦曰偈者,憩也,四字五字,为憩息之意耳。"虽取义于《诗经》之"颂",但实为宗教性赞美诗,内容风格与国家祭礼中的乐歌不同。凡天帝仙真、玉历宝经以至启坛、请神、焚香、上灯、演术等诸种应用,均有赞颂。赞颂有的比较直白,如《玉清惠命颂》:

> 稽首玉清元始尊,稽首金阙虚无帝。
> 包含造化运阴阳,极处自然无凝滞。
> 生天生地生人物,五色祥光随处慧。
> 度人无量不思议,敢仗祥光来拯济。
> 归命东极宫中尊,归命十方救苦尊。
> 毫光遍照三千界,智慧潜通五苦门。
> 常以广大威神力,慈悲救苦济亡魂。
> 指迷恶道返归真,法桥大度永长存。
>
> （《三洞赞颂灵章》）

又《三启颂》之一:

> 乐法以为妻,爱经如珠玉。
> 持戒制六情,念道遣所欲。

淡泊正气停,萧然神静默。

天魔并敬护,世世受大福。

(《玉京山步虚经》)

有的则极典雅,如《赤明丹光玉历宝颂》:

浩劫开神运,龙文泛赤霞。

八威奔电激,九凤破凶邪。

炼度丹皇室,飞升元始家。

炎明常继照,灵庆集晨华。

(《三洞赞颂灵章》)

赞颂多用于仪式,并伴以音乐,所以多是乐歌,其中有一种体式称为"步虚词",配合仪式中的临坛法师徐缓绕行进行咏诵,音乐、文辞都着重于营造天人交感之境,"备言众仙缥缈轻举之美"。(《乐府诗集》卷七十八)如东晋时灵宝仪式上的步虚词:"稽首礼太上,烧香归虚无。流明随我回,法轮亦三周。玄元四大兴,灵庆及王侯。七祖生天堂,煌煌耀景敷。啸歌观太漠,天乐适我娱。齐馨无上德,下俗不与俦。妙想明玄觉,诜诜巡虚游。"(《洞玄灵宝玉京山步虚经》)文士很早就有拟作,庾信有《步虚词》十首,其一曰:"浑成空教立,元始正途开。赤玉灵文下,朱陵真气来。中天九龙馆,倒景八风台。云度玄歌响,星移空殿回。青衣上少室,童子向蓬莱。逍遥闻四会,倏忽度三灾。"唐代吴筠的《步虚》:"琼台劫为仞,孤映大罗表。常有三素云,凝光自飞绕。羽童泛明霞,升降何缥缈。鸾凤吹雅音,栖翔绛林标。玉虚无昼夜,灵景何皎皎。一睹太上京,方知众天小。"均已较纯粹道教仪式之作典雅有文。而唐刘禹锡的同题拟作"阿母种桃云海际,花落

131

子成二千岁。海风吹折最繁枝,跪捧琼盘献天帝",文学意味
更加浓厚。

祈禳之文主要是"章表",即向天帝陈启愿望的文字,是
斋醮仪式中的重头戏之一。《道教义枢》卷二:"第十二章表
者,如九斋启愿,三会谒请之例是也。章,明也。表,奏也。
谓申明心事,上奏大道之。"唐以后因其多以朱笔写于青藤纸
上,常称之为"青词",多用骈体文撰写。章表除一般性的启
愿外,还包括具体的祝祷如告解、祈雨、止雨、荐度等。后世
民间常用的"上梁文"等,也属于章表的范围。文人应道士之
请或出于个人愿望而创作此类章表,往往借以表达自己的思
想从而使之具有鲜明的个性,如苏轼《醮上帝青词三首》
其一:

> 臣闻报应如响,天无妄降之灾;恐惧自修,人有可延
> 之寿。敢倾微恳,仰渎大钧。臣两遇祸灾,皆由满溢,早
> 窃人间之美仕,多收天下之虚名;滥取三科,叨临八郡;
> 少年多欲,沉湎以自残;偏性不容,刚愎而好胜;积为咎
> 厉,遘此艰屯。臣今稽首投诚,洗心归命,誓除骄慢,永
> 断贪嗔。幸不死于岭南,得退归于林下;少驻桑榆之暮
> 景,庶几松柏之后凋。

但大多数的章表之作,不过格式化的陈词滥调。这是因
为,宗教内部的文学,无论是启示文学还是仪式文学,都是服
务于宗教的,其宗教性仍然多过于文学性。

道教与诗歌文学的深层互动　当文明生长、社会进一步
发展,"人"的意识高涨以后,文学由面向神灵的倾述转为对
人类自身的反思,由庙堂的礼赞转向生活的咏叹,逐渐获得
了独立和自觉,从而更多地反映人生、反映社会。因为宗教

与文学在切近人类本质意识这一点上具有相同性,所以二者在各自的发展过程中仍然存在着本质的关联和深层的互动:宗教影响着文学的内容和形式,并需要文学的宣化;文学也着力抒发和表现创作主体的宗教体验和终极关怀。道教特别是义理化的道教神学与中国古代文学之间,同样也始终存在着这样一种互动关系。

道教的神学核心是灵肉不死的解脱,因此它强调仙真的存在,刻意营造神仙世界的美妙,构建出与宇宙化合、脱凡成仙的理想彼岸。这种神学追求显著地影响到文学特别是诗歌,"飞升上仙"成为古代文学最为重要的主题之一。这首先在南方文学中得到表现,因为从东方滨海到吴楚之地,自古以来一直是神仙学说的最大渊薮所在。特别是楚国地区,如昆虫一般蜕脱羽化,进而像鸟儿那样飞行上天,从来就是一个重要的神话隐喻。在楚辞最伟大的作品《离骚》中,乘龙驾凤的飞行意象和瑶台玄圃的瑰丽图景成为作者情志心迹的典型象征:

> 驷玉虬以乘鹥兮,溘埃风余上征。
> 朝发轫于苍梧兮,夕余至乎县圃。
> 欲少留此灵琐兮,日忽忽其将暮。
> 吾令羲和弭节兮,望崦嵫而勿迫。
> 路曼曼其修远兮,吾将上下而求索。

楚辞的后期作品《远游》大约形成于公元前 2 世纪,其时正是黄老思想和神仙方术大行之际。这是一首一百七十余行的长诗,意象纷纭,辞采斐然。诗中有道:

> 载营魄而登霞兮,掩浮云而上征。

命天阍其开关兮，排阊阖而望予。
召丰隆使先导兮，问大微之所居。
集重阳入帝宫兮，造旬始而观清都。
朝发轫于太仪兮，夕始临于微闾。
屯余车之万乘兮，纷溶与而并驰。
驾八龙之婉婉兮，载云旗之逶蛇。
建雄虹之采旄兮，五色杂而炫耀。
服偃蹇以低昂兮，骖连蜷以骄骜。
骑胶葛兮以杂乱兮，斑漫衍而方行。
撰余辔而正策兮，吾将过乎句芒。
历太皓以右转兮，前飞廉以启路。
阳杲杲其未光兮，凌天地以径度。
风伯为余先驱兮，氛埃辟而清凉。
凤皇翼其承旗兮，遇蓐收乎西皇。
揽彗星以为旍兮，举斗柄以为麾。
叛陆离其上下兮，游惊雾之流波。
时暧暧其曭莽兮，召玄武而奔属。
后文昌使掌行兮，选署众神以并毂。
路曼曼其修远兮，徐弭节而高厉。
左雨师使径侍兮，右雷公以为卫。
欲度世以忘归兮，意恣睢以担挢。
内欣欣而自美兮，聊偷娱以自乐。

《远游》作为文人化的作品和主体意识抒发情志和审美观照的结果，已体现出对原始神仙观念的深化，演变成以蝉蜕尘网、离群逸遁、羽化登仙的"游仙"主题，即以抒写脱离尘世之束缚，向往神仙世界的中心渴望为基本内容，以表达对神仙境界的审美观照以及反映现实侘傺下的人生理想为最终旨归。

魏晋出现的"游仙"之作,很大一部分属于庙堂仪典之歌,如曹操所制乐府诗《气出唱》《精列》等。但其中有一些作品如曹植的《五游》《远游篇》《游仙》,开始超越民歌或祭祀之章的层面,以丰富的想象,浓彩辅陈出神仙意境的美妙,抒发对升仙的向往,同时暗衬出人生寄居的感慨。不过,寄托理想与抱负的精神仍较为淡薄,尚未达到一种自觉的高度。其后成公绥、何劭《游仙》之作,基本也停留在这一水平之上。嵇康的《游仙诗》在意趣表达上体现了一种含蓄、委婉的风格,在精神上则有了一种超越单纯"长生不死"的追求;晋初张华游仙诗之作,开始体现出一种内容上的拓展与变化,但均不甚明显。直到两晋南方新神仙道教形成之际,文士体道日深,进一步加深的道教神学的体验终于使《远游》开创的文学主题又有新的拓展,杰出的代表是郭璞的"游仙诗"。

郭璞的"游仙诗"现存有十九首,不仅艺术上达到了较高的水准,更重要的是其形式是"游仙",实质则在于抒发其尊隐之怀和忧生愤世之情,"词多慷慨,乖远玄宗……乃是坎壈咏怀,非列仙之趣也"(钟嵘《诗品》"晋弘农太守郭璞"条)。

如第一首:

> 京华游侠窟,山林隐遯栖。
>
> 朱门何足荣,未若托蓬莱。
>
> 临源挹清波,陵冈掇丹荑。
>
> 灵溪可潜盘,安事登云梯。
>
> 漆园有傲吏,莱氏有逸妻。
>
> 进则保龙见,退为触藩羝。
>
> 高蹈风尘外,长揖谢夷齐。

第二首:

> 青溪千余仞,中有一道士。
> 云生梁栋间,风出窗户里。
> 借问此何谁,云是鬼谷子。
> 翘迹企颖阳,临河思洗耳。
> 阊阖西南来,潜波涣鳞起。
> 灵妃顾我笑,粲然启玉齿。
> 蹇修时不存,要之将谁使。

第五首:

> 逸翮思拂霄,迅足羡远游。
> 清源无增澜,安得运吞舟。
> 珪璋虽特达,明月难闇投。
> 潜颖怨清阳,陵苕哀素秋。
> 悲来恻丹心,零泪缘缨流。

郭璞的“游仙诗”借助于神仙道教彼岸世界来强调尘世的黑暗与人生出处的困境,表现自己叩阍无路、致身未由之痛和高蹈肥遁之志,反映出文学创作对神仙道教“飞升上仙”的借题与深化。[①] 自此以后,在真正能够反映社会、人生的文学中,神仙之境已不仅仅是歌赞的对象,而是忧生愤世的起兴之资与讽托之物,“高蹈上升”其实是对“误落尘网”的批判。中国古代最杰出的诗人之一李白被称为“诗仙”,不

---

① 以上据程千帆:《郭景纯曹尧宾游仙诗辨异》,《古诗考索》,《程千帆全集》第八卷,河北教育出版社,2001年。

仅是因为其诗歌水平臻至仙品高境无人企及，而且是因为他的创作中富于神仙题材，充满着对神仙的讴歌。更为重要的是，李白在求仙中融入了自己对理想的追求，寄托了在现实侘傺中的无奈和愤懑，所以使他的这些富于浪漫色彩的诗歌蕴含着无穷的魅力，成为中国古代文学中的一种典范。

道教的宗教体验和宗教追求不仅影响文学主题和内容，同样还影响了文学的审美。其中最重要的是道教扩大了文学的审美对象，促成了自然山水审美意识的形成。

在道家宇宙论看来，自然界的山水，都是空阔无极的宇宙本体——太虚运用道的力量"无中生有"的结果，所谓"一生二，二生三，三生万物""融而为川渎，结而为山阜"。道教徒尤其崇拜大海深处和高山大岳。在原始信仰中，海洋汪洋广邈不可穷极，高山拔地而近于天，都是永恒不死的神人居住的地方，"皆玄圣之所游化，灵仙之所窟宅"，当然也就是近乎天堂的所在。所以，"入山"不仅是采药服食或炼丹的需要，而且其本身即是求道，即摆脱世网的拘缚而与自然大化浑然为一。东晋南北朝时期山水诗的出现以及此后诗歌对自然的体认、描写和歌赞，正是这种主观追求的文学表现。仍以李白为例，他"五岳寻仙不辞远，一生好入名山游"，于是笔下无时不有山川的壮丽之美，比如写庐山：

　　庐山秀出南斗傍，屏风九叠云锦张，影落明湖青黛光。

　　金阙前开二峰长，银河倒挂三石梁，香炉瀑布遥相望，回崖沓嶂凌苍苍。

　　翠影红霞映朝日，鸟飞不到吴天长。

　　登高壮观天地间，大江茫茫去不还。

> 黄云万里动风色，白波九道流雪山。
>
> （《庐山谣寄卢侍御虚舟》）

对庐山的描写已不仅仅是刻画景色，而是上升到终极性体验的高度，从而使自然山水成为真正的审美对象。

道教构造出与现世迥然分判的神仙世界，不仅为文学增添了丰富多彩的别样意境，同时也刺激了诗人的想象，并推动修辞以表现这种主观审美。"特别是在艺术表现方面，那些刻画神仙形象的神奇虚幻的构思方法，描绘仙界美好景象的虚构、夸张、想象的艺术手段，构造神仙故事的大胆悬想的思维方式，以及描绘它们的特殊的语汇和修辞技巧，还有使用历史流传下来的大量神仙典故的手法等等，这些在众多作者有关神仙题材的创作实践中所积累起来的大量写作技巧和艺术经验，都作为艺术成果而被融入到一般文学创作之中。"[①]李贺描绘想象中的天上世界时写道：

> 天河夜转漂回星，银浦流云学水声。
> 玉宫桂树花未落，仙妾采香垂佩缨。
> 秦妃卷帘北窗晓，窗前植桐青凤小。
> 王子吹笙鹅管长，呼龙耕烟种瑶草。
> 粉霞红绶藕丝裙，青洲步拾兰苕春。
> 东指羲和能走马，海尘新生石山下。
>
> （《天上谣》）

> 老兔寒蟾泣天色，云楼半开壁斜白。
> 玉轮轧露湿团光，鸾佩相逢桂香陌。

---

① 孙昌武：《道教与唐代文学》，人民文学出版社，2001年，第408页。

黄尘清水三山下，更变千年如走马。

遥望齐州九点烟，一泓海水杯中泻。

（《梦天》）

这两首诗构造奇特瑰丽，如在目前而又窈渺恍惚。李商隐存想中的上清女仙走入笔下，则有一种神秘的意境，蕴籍深长、韵味隽永：

白石岩扉碧藓滋，上清沦谪得归迟。

一春梦雨常飘瓦，尽日灵风不满旗。

萼绿华来无定所，杜兰香去未移时。

玉郎会此通仙籍，忆向天阶问紫芝。

（《重过圣女祠》）

所有这一切，使得道教神学的义理核心及其影响下的文学创作共同构造出一种别样的审美意趣：神仙美学。

神仙美学 神仙美学具有几个典型特征：首先是自由旷达、逍遥不拘的精神。这一精神由楚辞特别是《远游》开端，经过魏晋南北朝崇尚自然、反抗名教观念的进一步发扬，在道教神仙体验的促进下，到了唐代得到充分的展现。其次是奇特脱俗、瑰丽高华的意境。在道教的影响下，诗人们通过主观体验，在诗歌创作中开拓出一种极具浪漫色彩的境界，以想象中的瑶池碧宫、昆仑蓬莱、洞天福地为素材，营造出无数超越现世的意象，呈现出非凡、高华、奇丽、清幽、神秘的美学特征。最后也最重要的，神仙美学在根本上是一种仙凡对立的悲剧美：仙界的美好映衬着现实的黑暗，逍遥放任、及时行乐却无奈人生短暂、去日苦多，虽然可以修道入仙，但神仙绝不可以轻得。在向往、礼赞神仙世界的背后，往往是"逝川

与流光,飘忽不相待"的焦虑、"俯视洛阳川,茫茫走胡兵"的
愤懑和"刘郎已恨蓬山远,更隔蓬山一万重"的无奈。神仙美
学的这一悲剧性特征,体现出文学悲天悯人的终极意义。

神仙美学作为一种浪漫主义的典型代表和基于儒家思
想的现实主义美学并行不悖,共同构成了中国古代文学特别
是诗歌的抒情、寄托、言志、讽谕的核心精神。

道教与叙事文学的深层互动　道教与文学的深层互动
也体现在叙事文学方面。叙事文学是以故事、传记、小说为
主要体裁的文学作品,它以民间口头文学为重要源泉,但编
创主体大多是文士。宋以后通俗文学日趋发达,话本、拟话
本和长篇章回小说的出现使叙事文学进入了一个崭新阶段,
并作为一种重要的推动力量促进了戏剧、说唱等通俗文艺的
进一步繁荣。

以小说为代表的叙事文学原本就起源于神鬼之谈。道
教兴起以后,神仙之说和"灾祥""鬼怪""冥报""感应"等共同
成为魏晋南北朝志怪的中心内容之一,"仙传体小说""博物
体小说"应运而生。仙传体小说的杰出代表是葛洪编撰的
《神仙传》。《神仙传》继承了刘向《列仙传》的传统,吸收了魏
晋以来别传、家传的优良特质,文字简洁,叙事生动,虚构性
突出,带有强烈的小说意味。东晋以后出现了很多仙传体小
说作品,都受到它的影响。仙传体小说通过描绘历代仙真的
得道故事表现神仙道教的基本观念,传达修真上仙的体验,
开示方法,宣传宗教道德信条,对神仙道教的传播流化起到
了异乎寻常的作用。同时,在道教神仙世界构造的刺激和推
动下,仙传体小说在艺术上也取得了很多成绩,特别突出的
是构造、型塑或强化了很多重要的神仙故事母题,如"沧海桑
田""棋尽柯烂"(人间、天堂时空不同)"壶中天地"(大、小宇
宙)"灵真下试"(察试考验)等等,成为后世仙话文学的原型

资源。"博物体小说"则有《十洲记》，敷演铺叙十洲仙境，想象神异，造境奇特，对后世神仙文学有着重要影响。

唐人传奇中也有很多涉及神仙内容的作品。文人不仅通过此类题材展现文学才能，而且有意识地寓以寄托、讽谕之怀，在艺术和思想上都达到了很高的水平。

明清通俗文学进一步体现出道教与叙事文学的深层互动。明以后社会经济有较大发展，社会生活已较中古时期愈趋丰富，宗教生活所蕴含的价值诉求及其社会化积淀传承，必然要求相应的文化涵化与传播手段，其中最重要的一端就是对通俗文学及其制作生产有了强烈的社会需求。在此情况下，以中下层文人为主导的通俗文学创作、编刊蔚然勃兴，产生了深刻反映社会现实和社会一般理念的杰出作品如《三国演义》《水浒传》《金瓶梅》《儒林外史》和"三言二拍"等，并出现了以"神魔小说"为代表的一大批直接描绘宗教生活、传达宗教理念，同时宣传普化佛教、道教教义的通俗文学作品，如《西游记》《封神演义》《铁树记》《咒枣记》《飞剑记》等。清代通俗文学的创作更为兴盛。明清通俗文学承载着社会一般生活的宗教道德准则并通过传播而影响社会，反过来实现了对民俗信仰的进一步形塑和强化。同时，对民间"万神殿"的整理和重要俗神的建构、普及也起到了异乎寻常的作用。

步罡踏斗：道教仪式与戏剧、音乐

宗教有两个重要的组成部分，一是宗教信仰的系统，一是宗教仪式的系统。对超自然存在乃至宇宙存在的信念是信仰，表达甚而实践这些信念的行动就是仪式，"仪式是用以表达、实践，乃至肯定信仰的行动，但是信仰又反过来加强仪式，使行动更富意义，所以信仰与仪式是宗教的一事两面表现"①。信仰是一种灵魂的皈依，任何直接的表述都无能为力，而只能诉诸于象征。仪式就是一系列具有象征意义的标准化行为的集合，它的隐喻意义大于其表面意义。实际上，人可以称为是仪式的动物，因为只有人才具有信念并需要表达；人类的一切行为，都是仪式行为。

道教的仪式性尤其显著，在某种程度上甚至可以称之为"仪式的宗教"，这有几个原因：第一，道教的根本目的是灵肉不死，肉体和自然一样都是客观存在，因而道教必然汲汲于通过追求具体的技术手段解决问题。但限于古代的认识水平，所有的技术性方法都不免巫术的特质从而不可能达成长生不死的效果，由此，这些技术性的行为手段往往转化为表达长生信仰的象征性的仪式。第二，道教是本土民间信仰和创生宗教的包容体，在长期的发展中涵括了多种历时、共时的元素，因而其仪式也是一个包容体，既有多种传统的延续，也有丛杂多元的新创元素和地域元素的糅合。

道教仪式的具体类型有斋戒、告忏、礼拜、醮祭、祈禳、超

---

① 李亦园：《说仪式》，《宗教与神话》，广西师范大学出版社，2004年，第36页。

度、传授及各种施法等。斋戒主要是持戒禁欲、洁净身心；告
忏即首过忏悔；礼拜是以动作表达对神灵的崇奉；醮祭主要
为祭祀神灵；祈禳是祷告神灵降福却灾；超度为救度死者灵
魂脱离地狱；传授为拜师、传经、授箓；各种施法则是由法术
转化而成的仪式行为。但这些类型往往糅合为用，同时行为
动作、象征指向也彼此相兼。比如斋戒既可作为醮祭的准
备，亦可独立进行并兼有告忏、醮祭之用，而醮祭与祈禳往往
综合，同时又包含礼拜、告忏、超度；祈禳、超度中尤其多有施
法之仪。传授仪式中，也有其他仪式的内容。道士居观修炼，
还有很多日常仪式，如念经拜忏的经忏仪式及上表、供天、上
供、发递、亡斗、开启、给箓等常设法事。各类仪式中，建坛、摆
供、诵经、念咒、掐诀、燃灯、上表、奏乐、步虚、叩齿、存想、散花
等是构成常规动作的基本"仪式元素"。

宗教仪式中最重要的是祭祀，道教也不例外，其"祭祀仪
式"以斋、醮为主，同时兼糅并用，包含了绝大部分的仪式类
型和仪式元素，和"传授仪式""施法仪式"并列为三大主要
类型。

祭祀仪式 "祭祀活动从本质上说，就是古人把人与人
之间的求索酬报关系，推广到人与神之间而产生的活动。所
以祭祀的具体表现就是用礼物向神灵祈祷或致敬。"[①]最初的
祭祀是向神灵奉献饮食，进而加以乐舞娱神，最后则发展为一
套规范化的动作以向神灵致敬祈祷，求得恩赐。不同的宗教祭
祀，主要体现在象征行为的差异上。祭祀神灵的首要条件是挚
诚信奉，因此持守戒律并洗心沐浴以示诚敬成为必然。道教的
斋仪最先发达，南方灵宝道教吸收民间宗教的元素构建了系统

① 詹鄞鑫：《神灵与祭祀——中国传统宗教综论》，江苏古籍出版社，1992年，第173页。

的斋戒仪式,陆修静整理为"灵宝六斋"即"第一金箓斋,救度国王;第二黄箓斋,救世祖宗;第三明真斋,忏悔九幽;第四三元斋,首谢违犯科戒;第五八节斋,忏洗宿新之过;第六自然斋,为百姓祈福"。灵宝斋外,还有上清斋、洞神斋、太一斋、指教斋、涂炭斋。(《云笈七签》卷三十七)斋仪本已附加祭祀、拔度、忏悔、谢过、求仙等多种内容,后世形成十二种斋:金箓斋、玉箓斋、黄箓斋、上清斋、明真斋、指教斋、涂炭斋、三元斋、八节斋、三皇子午斋、靖斋、自然斋。

　　道教斋仪中最为盛行的是"拯拔地狱罪恶,开度九幽七祖"的黄箓斋,规模宏大、内容繁多、行时极长,最长可延续三昼夜,日间行正斋,夜间行破幽拔度。唐代黄箓斋正斋每场仪式的关目为:(1)入户;(2)各礼师存念如法;(3)鸣法鼓二十四通;(4)发炉;(5)出吏兵上启;(6)各称法位;(7)读词;(8)礼方;(9)各思九色圆象咽液命魔密咒;(10)步虚旋绕;(11)三启三礼;(12)重称法位;(13)发愿;(14)复炉;(15)出户。大致内容是高功法师率众法师入户登坛,存想、念咒、叩齿,召唤正真生气入于身炉,又召唤身中所守仙官吏兵,临坛法师各称所授法位后宣读上章,读毕礼拜各方,再念咒,以步虚旋绕并颂步虚之词,又吟三启颂行三礼,最后发诸种愿,引气复还元宫,出地户。① 夜间的破幽拔度仪式来自于对佛教"施食"仪式(俗名"放焰口",又称"瑜伽焰口")的模仿吸收,后来趋于相对独立,成为专门性的施法仪式之一。

　　斋戒之后才能祭祀,因此"斋"常与祭祀之"醮"结合。醮,原指古代一种祷神祭礼,道教用此指称其祭祀仪式。醮仪经历了很长的发展历程,既有固定的传统,也有因时因地的新创。总体来说,主要内容有:

---

① 张泽洪:《道教斋醮符咒仪式》,巴蜀书社,1999年,第160—169页。

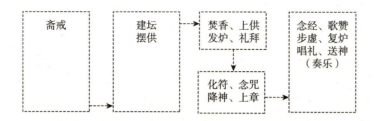

醮仪依其目的、规模、方式、时间有不同的名目，如平安醮、罗天大醮、雷醮、火醮、瘟醮、元醮等。又有"清醮"和"幽醮"即阳事、阴事之分：阳事之清醮有祈祥祷福、却病延寿、解厄禳灾、祝寿庆贺等；阴事之幽醮则为摄召亡魂、破狱破湖、炼度施食等。无论作为仪式的应用如何多样，其核心仍然是祭祀，即通过对神灵的献礼致敬祈福禳灾。

传授仪式 传授仪式是"入会仪式"的一种。在宗教特别是创生宗教早期阶段，入会仪式是为教徒举行的神圣的启蒙秘仪，喻示着教徒的真正加入并获得相应的教团地位。道教的"宇宙论启示"神学特质和创生宗教的禀性，使之神秘主义因素发达，表现之一即是极其注重"启示"的传授，并围绕着传授建立一系列秘密仪式。

道教的传授内容，主要包括经、戒、符、箓四个方面：

经是核心启示；戒即斋戒，是洁净身心、防非止恶以保证信仰纯正的禁戒信条，故又用来作为佛教禁律（梵语"三婆罗"）的意译；符的本义为信物、凭证，在道教中是指神明所授的神秘符号，是上天与信徒的盟约；箓的本义是簿录，道教以其指召役上天册命的天官功曹、十方神仙的牒文。无论是经、戒还是符、箓，信徒得到传授就代表着他们获得了上天的垂青，得以加入神圣团体，并拥有了参悟道体、修行渐进的资质和召劾鬼神、驱使天兵的权威。同时，经、戒、符、箓都各自具有层次的差异，依人而传。其中，不同的经、戒主要反映修行程度的分别,符、箓则主要代表教团阶位的高低。由此,传授不仅具是观念的表达,而且还是一种制度的表现。

"符"既是上天所赐的权威信物,所以是"天书真文""云篆凤字",非一般人所能辨识,实际表现就是一种由文字转化而来的神秘图符。文字符是早期符的主流,后来则加入图形和各种符号,依其功用,形制多样。后期常用之符,则趋于定式。

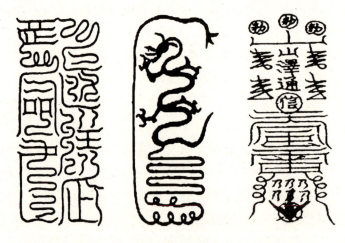

上左:早期文字符,"九天王长安飞符"(《太上洞玄灵宝五符序》卷下)
上中:后期图符,"飞剑捉龙符"(《道法会元》卷五十六)
上右:后期综合图符,"阳雷煞伐符"之一(《道法会元》卷一百二十七)

早期传授仪式都是秘密进行。最先的传授内容更多表现为秘法、秘宝的符、箓,三张"五斗米道"和"正一盟威"之道即以围绕"盟"或"盟威"展开的符箓传授为中心。后来上清新道教特重经诰,灵宝新道教强调斋戒,将经、戒和符、箓的传授统一起来。道教整合以后,至唐初形成了一个统一的传授规范。这一规范是以上清"经—符箓"为最高等级,灵宝、三皇、正一等均在其下。由于后来经的新创不多,传授重点转向戒、符、箓，并从"三洞四辅"的分类转向各自内部的品级分类。从唐代中期开始，戒的品类愈趋增多。金元兴起的全真道重视传戒，丘处机传人统一制定了传戒系统，分为初真戒、中极戒、天仙大戒（三坛大戒），清初经全真龙门七祖王常月公开传授，成为此后定制。符、箓虽功用、形式均有不同，但由于均侧重于阶位意义，所以经常合称而偏指于箓。箓是等级分明的天兵天将名号，不同的箓最能反映信徒在教团中的地位，故而授箓成为最主要的传授内容，同时也成为教团组织制度的重要形式。国家对道教进行管理，其中一个直接手段就是由国家相关部门控制授箓。正一箓历史最为悠久，影响也比较大，元以后至于近代，龙虎山天师的授箓成为主流系统。

传戒、授箓的仪式程序经历了长时间的演变。降至明清，在保持传统的同时，屡有增饰改易。当代道教全真派传戒仪式程序主要是：设坛、斋戒；由律师主持，诸大师辅助；先后行迎师、开坛、朝斗、诵经、念咒、步虚等礼；主要部分是由律师——宣讲三堂大戒；最后发放戒牒。[①] 当代正一派授箓仪式程序主要是：设坛、斋戒；由传度师主持，诸大师辅助；先后行开坛请水、申文发奏、启师、诵经等礼；主要部分是说戒、发愿；最后是发放职牒、符箓和诸种法器。[②]

施法仪式 道教在实践上极其重"术"，吸收、容纳了纷纭复杂的古代巫术，并赋予其神圣的意义。但无论是经验范畴的巫术行为，还是超验性质的神秘手段，在实际功用方面总是无效的，而且不能解决价值问题。所以，这一类法术常常转换为象征性的施法仪式——"法事"，用以代表宗教的神

---

① 张泽洪：《道教斋醮符咒仪式》，巴蜀书社，1999 年，第 246—248 页。
② 刘仲宇：《道教授箓制度研究》，中国社会科学出版社，2014 年，第 229—231 页。

圣力量从而强化人们的信仰。

道教的此类法事有很大一部分既可以作为从属于醮仪、传度仪的仪式元素，也可以独立举行，但在总体上均以施演法力以应敷教众需要为主。道教法事名目繁多，交互为用，很难一一归类，就其性质而言大约有四种：除鬼避邪、禳灾却祸、治病遣瘟、度亡破幽。近代仍然施作的施法仪式有告斗（抱患告斗、延生告斗、拔亡告斗）、解星、移星易宿、收坟地司、镇宅、翻解、立狱、捉生代替、发檄（驱蛇发檄、五雷发檄、召魂发檄）、度关（代童度关、抱患度关）、饯瘟、金刀断索、起伏尸、火司朝、宿启朝、青玄朝、九幽钥、三朝、斋王、款王、传经转案、迎真度魂、皇坛三宝、群仙会、会诸司、开方、各种灯仪（九幽灯、九陷、十回度人灯、升仙灯、三途五苦灯、六洞魔王灯、九霄开化灯、十七光明灯、延生灯、火司灯、寿星灯）、大十献、小十献、解冤结、召饭、上供、望乡台、颁赦、度桥、召孤魂、请三宝、开启、寄库给牒、送丧，以及还受生、送鬼、暖材、开路、设召、起灵斩煞、按神、安座、招魂、召七、半夜七、接煞、起座、净宅、预告，等等。[①] 当代道教的施法仪式主要以度亡破幽为主。[②]

道教的"科范" 仪式是表达信仰的行为，重在象征和隐喻，因此仪式既重行为，更注重规范，通过严格的规范来保证仪式的意义。换句话说，宗教信仰是建立内在的自律，宗教仪式则是加以外在的约束——系统的程序和严谨的规范，"设科教仪范之文，以齐其外"（《洞玄灵宝自然九天生神章经》卷一），否则便不免立心不诚、轻慢神灵，从而违背信仰。"科教仪范之文"包括四个方面的内容：

---

① 李养正：《道教概说》，中华书局，1996年，第280—281页。
② 参阅任宗权：《道教科仪概览》，宗教文化出版社，2012年。

（1）仪式程序。即仪式的内容、步骤、法器、服饰以及其他标准化设定，如早期三张系统科范《千二百官章仪》中的官将之名与治病灭恶之职司，后来各种授箓、传经仪式中的箓名、经名及其不同层位的规定，均属于此一部分内容。

（2）仪式规范。在举行仪式时所必须遵行的并被赋予一定信仰意义的规则和道德意义的戒律，以及仪式中与道团组织、等级、修行态度紧密相关的限定，特别是传法、授箓及传经的盟誓以及违反后的惩罚，即仪式之戒。仪式的宜忌限定如宫观建造、斋堂布置、造像的相关条例和规范，也是仪式规范重要的组成部分。

（3）行为准则。仪式以外的一般宗教日常行为如"举动施为、坐起卧息、衣服饮食、住止居处"的准则，是来自于仪式规范并进一步予以扩展的结果，属于修行之戒。

（4）道德信条。即"道德之戒"，是超越行为准则的价值观标准。"惟孝惟忠，遵守礼法，是科教之本也。"（《上清灵宝大法》卷六）

以上四个方面共同构成"科教"的内容，是道教义理中道德观和价值观的表现。道教自古就是"科教"重于"经教"，陆修静在道教整合之初即强调"夫受道之人，内执戒律，外持威仪，依科避禁，遵承教令"（《陆先生道门科略》），重视编纂整理灵宝科仪。上清系则围绕传经建构了系统的规范，以一大批"明科"、"真科"和以具体上圣之名标目的"玉帝之科""青童科"为代表。《道藏》中很大一部分都是科范之文，体现出道教仪式性宗教的特色。南宋时道士金允中认为"中古以后，科教兴行，而大道隐晦。世降愈下，法术盛行，流之多岐，日以驳杂"（《上清灵宝大法》卷四十三），对科仪的繁琐伤质和法术的驳杂多歧提出批评；后来的全真道转趋心性修炼而不重符箓，也体现出一定的修正意识，但都不能改变科范在道教中的重要地位。

道教仪式与音乐、戏剧　宗教仪式蕴育了很多艺术形式。首先是歌舞，最早的歌舞是巫舞，诞生于萨满巫师迎神娱神的需要。"禹步"就是原始巫舞的一种，传说大禹因治水而偏枯跛足，战国时巫师模仿大禹脚步创作出一种舞蹈步伐，用在崇拜北斗的仪式中。"禹步"不仅成为一种法术手段，而且逐渐演变为醮仪中的"步罡踏斗"。其法"先举左，一跬一步，一前一后，一阴一阳，初与终同步，置脚横直互相承如丁字形"（《云笈七签》卷六十一），如步踏星斗然。以此步法配合音乐绕坛徐徐旋走又名"步虚"，是道教仪式中最富华彩的内容之一。至今很多地区仍然保存着此类性质的原始仪式舞蹈，是其民间舞蹈艺术的重要形式。

其次则是音乐。巫舞即是歌、舞、乐的结合，音乐从来就是原始宗教仪式不可分割的部分。道教仪式的发达，催生出其独特的音乐创造。道教音乐的来源多样，有对传统礼乐的继承，更多的则是融汇了原始巫舞及地方民间音乐的元素，同时也受到了佛教的影响。道教音乐滥觞于道教仪式的形成，灵宝科仪已经具有系统的音乐体系，上清系及北魏寇谦之新道教中的韵文经诰、赞颂灵章及信徒对其的讽诵，也已是音乐性较强的歌唱形式。大约在南朝初期，斋仪中的"步虚"成为道教音乐的代表。唐代是道教音乐的大发展时期，与燕乐的兴起相同步，又与法曲相糅杂，道乐在各个方面都有重大变化。唐玄宗"方寝喜神仙之事，诏道士司马承祯制《玄真道曲》，茅山道士李会元制《大罗天曲》，工部侍郎贺知章制《紫清上圣道曲》。太清宫成，太常卿韦绦制《景云》《九真》《紫极》《小长寿》《承天》《顺天乐》六曲，又制商调《君臣相遇》乐曲"（《新唐书·礼乐志》），玄宗并亲制道曲，大大推动了道乐的创作和仪式表演。宋代道乐亦有相当程度的发展，宋徽宗所制《玉音法事》是第一部道教声韵谱,辑录唐宋道曲五十首,反映了当时道乐的总体成就。宋元以降至近现代,随着道教丛生化的深入,道乐也出现了不同的传承并形成各自的特色,当代仍可考见其情的有龙虎山道乐、茅山道乐、武当道乐、苏州玄妙观道乐、北京白云观道乐、山东崂山道乐、上海道乐、沈阳太清宫道乐、川西道乐、陕西道乐,以及香港、澳门、台湾道乐等。[①] 在宫廷方面,明成祖制定《大明御制玄教乐章》,对宫廷所用斋醮之乐作了系统的规范。

道乐所具备的宗教仪式性质,使其音乐创造体现出独有的特色。道乐的审美与其神学宗旨相一致,自"步虚乐"开始即以"备言神仙之美"为美学追求,在总体上呈现出清幽缥缈、宛转悠扬的美学特征。道乐的表演性十分突出,配合不同仪式的不同关目进行演奏,或按科仪进行专门演出,"斋醮坛场……引商刻羽,合乐笙歌,竟同优戏"(《阅世编》卷九)。道乐作为中国古代重要的音乐传统之一,对戏曲音乐、说唱音乐和其他民间音乐都有很重要的影响。

戏剧也起源于宗教仪式。神圣仪式本身就是一场表演,是对生活的模拟与再现。道教仪式具有强烈的表演性和戏剧性,其所特有的丰富的象征手法,以及道教的时空变换、大小相对的思想母题,对中国古代戏剧的艺术表现形式也产生了一定的影响。道教仪式本身也成为古代宗教戏剧的重要原型,如传授仪式中的度脱仪式即直接演化成后世戏曲中的"度化剧"类型。

宗教题材一向是古代戏剧的中心内容之一,由此形成宗教戏剧的专门类型。道教神学隐喻中的诸多基本母题如死而后生、蝉蜕尸解、时空相对、谪降凡世、误入仙境、考验察试

---

① 胡军:《中国道教音乐简史》,华龄出版社,2000年。

等,无不具有强烈的戏剧性,使得包含这些母题的道教故事成为戏剧的重要题材,并通过此一通俗文艺形式而得到更广泛的传化流布。在中国古代戏剧发展成熟的元杂剧中,"神仙道化戏"已成为一个重要类型,约四百余种元杂剧中,涵括道教相关内容并敷演神仙主题的剧目就有四十余种。明清戏曲包括民间说唱、表演艺术中,神仙故事也始终是表现内容之一。

不死有术:道教方术与中国古代前科技

从今天的眼光看,道教之"术"应分为两大部分。第一部分为"法术",乃道教中具有宗教神力的主宰、控制、影响万物的手段,主要包括禁咒、禳除、驱邪、变化、招魂、度亡等等。其中有很大一部分已转化为象征性的仪式,成为强化、肯定信仰的行为。另一部分为"方术",是道教贯彻其信仰、达成其终极目标——飞升上仙、与道合一的实践方法,主要包括服食、炼气、注想冥会、存神闭息、断欲绝粒、补脑还精和内炼心性等等。与古代前科技相关的,主要是这一部分内容。

道教方术名目繁多,内涵复杂,同时交相糅合。但总体分析,不外是两个方面的集合:

第一是服食。服食包括食用神赐之物、自然物和炼制之物,因此又包括一切炼丹、炼药之术。关于"气",无论是自然之气还是身体之气,都是自然物,所以"服气"也是服食之一。"辟谷"的目的是断绝人间五谷,需要通过服食来达成,同样也属于服食范畴。

服食的根本特点是向外寻求。在道教看来,世间万物都是"道"的创造,其中必然存在富有其神力的灵物,发现并食用这些灵物也就可能实现与"道"的契合。服食渊源古老,来自于原始巫术"相似律"的思维方式,一切具备药用、营养效果和其他特殊效应的外物很早就成为服食的对象。魏晋以后的神仙方术对此进一步精密化,诸如丹砂、黄金、白银、诸芝(石芝、木芝、草芝、肉芝、菌芝)、玉、云母、明珠、雄黄、禹余粮(一种褐铁矿矿石)、石中黄子、石桂、石英、石脑、石硫黄、曾青(一种矿石)、松柏脂、茯苓、地黄、麦门冬、木巨胜、黄精、黄连、石韦、楮实、象柴等等，服食得法，各有其效。在另外一种主张中，天地之气、日月星辰之光也是服食的对象，甚至更具效果。

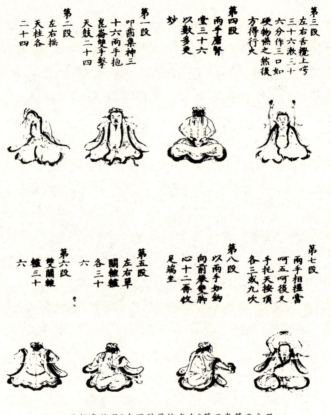

此据李约瑟《中国科学技术史》第五卷第五分册
科学出版社·上海古籍出版社，第143页
（导引：钟离八段锦法（《修真十书》））

　　服食的进一步发展是人工炼制、合成服食之物的"金丹"之术。金丹术最早是炼制黄金，即黄白术。黄金是被赋予最多尊贵、持久、不易骤得等神圣意义的金属，如果可以用人工方法加速黄金形成的时间进程,那么这一加速过程就必然具有与"天地造化"同工的意义,而炼制出来的结果遂亦具有终极的效应。这是道士不愿停留在寻找和服食自然界天然矿物的阶段上,而偏要强调人工炼制的原因所在。在服食的意义上,炼丹由炼金发展而来,旨在合成一种一服成仙的神丹妙药。炼丹术的鼎盛时期出现在唐代,用药品种扩大,丹方配伍与升炼技术更为复杂,丹台鼎器的建造、制作更为完善;理论亦趋于系统。[①] 炼丹耗费甚巨,也只有帝王和贵族具备享用的条件,因此唐以后人主的需要和支持,是促成炼丹术包括黄白术持续发展的基础。

第二是内炼。内炼即通过一切方法来锻炼身体、修养心性,使肉胎实现向仙体的提升和转化。凡入静、守一、存思、内视、注想、炼气、炼形、吐纳、导引、行气、闭息、止念以及综合性的"内丹",均属此类。"房中"通过特殊交合之法以实现"补脑还精",亦属于身体修炼范畴。

内炼的根本特性是返观身体。道教认为人体是一个小宇宙,同样由众神主宰;如果促成它的和谐运化就能达成和大宇宙的完美统一,从而实现从肉身到神仙的蜕变。内炼范畴的长生术名目亦多,依其性质主要有四种类型[②]:(一)"气"的呼吸、控制和再造。"气"是中国思想中关于物质认识的重要概念,在道教中代表着自然宇宙和人身宇宙中的一种精髓性元素。"气"需要服食,但更重要的是运行、流动、吐故纳新,亦即呼吸、控制。道教认为,呼吸行气是修炼身体的关键,通过精密的控制——闭气——可以实现"胎息":"得胎息者,能不以鼻口嘘吸,如在胎胞之中,则成道矣。"(《抱朴

---

① 以上据赵匡华:《中国炼丹术》,中华书局(香港)有限公司,1989年,第35页。

② [英]李约瑟:《中国科学技术史》第五卷第五分册《炼丹术的发现和发明:内丹》,科学出版社·上海古籍出版社,2011年。

子内篇》)。更高级的控制是以意念观想和操作"气"的流动，以此保持呼吸的内在循环从而达成胎息。关于"气"的最高技术是"炼气"，即提炼、再造"元气"，使之成为人身宇宙和自然宇宙化合统一的资源和动力。（二）体操、按摩和理疗。此一方面最主要的内容即所谓"导引"，是最古老也是最基本的身体锻炼方法，道教则对此进行了系统的理论归纳和技术提升，以各种伸屈、俯仰、行卧、倚立、踯躅、徐步等动作配合吐纳、行气锻炼身体。"所以导引者，令人支体骨节中诸邪气皆去，正气存处。有能精诚勤习、履行，动作言语之间，昼夜行之，则骨节坚强，以愈百病。……自然之道，但能勤行，与天地相保。"（《太清导引养生经》）（三）冥想。冥想包括诸多具体的方法，如存思、注想、内观、止念等，总体来说是通过集中意念、排除杂想以达到守一、入定状态的锻炼行为，在性质上属于催眠、心理调节和精神疗法。冥想诸法对身体健康显然是有效的，因此成为长生术中的重要一端。（四）围绕"精"的男女交合控制。两性交合及其所导致的生殖，自古就被认为是人体中最具神秘意义的行为，因此男女交合本身也被视为具有重要长生效应的方法途径。道教崇尚自然化合之道，所以一向提倡男女双修，并始终探索房中之道。道教房中术认为，阴、阳之精气可以互补，交合时若能得采补之道，即可有助长生；最重要的是，男子性交时必须控制并避免射精，使精子反向上行，还精补脑："还精补益，生道乃著。"

"内丹"是内炼诸术的一种特殊的综合。技术意义上的"内丹"，其外在特征是有系统地使用"外丹"已经使用过的理则（主要是易理）以及相关概念（如汞、铅、水、火、烛、鼎等），并模拟外丹的炼药过程（以人体为丹房，以心肾为炉鼎，以精、气、神为药物，意念呼吸为火候，在人体内部炼丹）；"内丹"的内在本质则是一种身体和精神的双重修炼，它的基本目的是实现人体小宇宙的完美运行；它的最高境界则是通过对大、小宇宙组合、构成方式的追索和体验，"寻求道与世界间及道与心之间的一致"，"从无出有，在天机起动创造世界的那一瞬间，去夺取造化之机"，[①]从而获得一种永恒。

道教神学及其所依托、改造的道家思想，是中国传统观念中最能推动古代科学的思想动力。从科学史的意义上说，这一思想的精华在于它树立并坚持了尊崇自然的客观态度和相对理性的思维方式。因为它在根本上肇自宇宙主义神学，所以宗教神秘主义因素不仅没有削弱其客观理性，相反却从另一个方面予以加强，使之成为儒家实用理性的对立面。道教的实践尤其显著，其独有的方术实践以模拟自然为根本方式，因而推动了一切关于客观世界的认知，如医药、养生、化学、动植物、矿物、天文、地理、气象、地质以及其他博物之学等。道教在科学知识发现和总结上做出了许多非凡的贡献，其显著者有以下两端：

道教长生诸术及炼丹术促进了医药、养生的发展。医药之学是人类最早发展的实用知识之一。"巫""医"原为一事，无论是原生宗教还是创生宗教，都以救死扶伤为起始之务。和其他宗教抛弃肉体强调灵魂解脱有所区别的是，道教主张灵肉俱得不死，所以它和医药学一样，都侧重于通过经验的和技术的方式解决疾病的痛苦。服食、炼丹的思想原理与医药是基本一致的，因为长生之道"当先治病，不使体有虚邪及血少脑减、津液秽滞也。不先治病，虽服食、行气，无益于身"（《真诰》卷十）。道教方术丰富了对身体、疾病的医学理论，直接进行了药学探索并自撰本草之书，葛洪、陶弘景、孙思邈

---

① ［法］贺碧来：《内丹》，王秀惠译，《中国文哲研究通讯》第六卷第一期，第12页。

等取得了极其可观的医药学成就。"养生"即保持健康、延年益寿,属于道教长生目标的基础层面,所以更能得到道教的重视。实际上,长生诸术的真正效果即落在养生方面。道教关于养生的理论和实践都极为丰富,同时又具有显著的特色,诸如形神并重、清静少欲、动静适度、饮食有节、起居有常、调养适时、兼以服食导引等原则,至今仍是符合人体客观规律的正确认识。

炼丹术引领了化学知识及其相关技术方法的认知。道教炼丹家们禀承万物变动不居的思想观念,认识到即使是贵金属也是可以点化的,即物质性质可以通过化合而转移;人工手段可以改变、调控或加速自然进程。这些朴素的认知已经与现代化学的科学原理暗合,是其提出并实践炼丹术的认识基础,当然也是其获得化学成就的关键。首先,道教炼丹术促成了对多种"药物"(即化合物)品种的认识、运用,如丹砂(HgS)、雄黄(As_2S_2)、雌黄(As_2S_3)、礜石($FeAsS$)、砒霜(As_4O_6)、三仙丹(HgO)、黄丹(密陀僧 PbO)、铅丹(Pb_3O_4)、玄霜($PbCO_3$),等等。其次,炼丹实践中摸索出多种化合物的分解、合成方法,在汞、铅、砷化学及合金学方面获得了很多知识,比较重要的有:(1) 丹砂烧炼水银及其技术工艺的不断完善,(2) 升汞和丹汞的制备,(3) 铜、银器鎏金,(4) 铅丹烧制,(5) 单质砷制备,(6) 硫酸制备,等等。尤其可贵的是,炼丹家们在这些实验操作中,对化合、分解、置换、可逆反应都有了初步了解,摸索出很多添加剂的使用方法,并认识到了配比、定量的重要性。[①] 第三,炼丹术直接导致了火药的发明。火药的发明同样很好地证明了炼丹术的历史成就:无论具有何种主观目的,只要追索是客观的和理性的,就一定会

---

① 盖建民:《道教科学思想发凡》第五章,社会科学文献出版社,2005 年。

砾生復银

银复生砾：以水银、硫黄升炼丹砂

（《天工开物》）

推进对真理的发现。

当然,道教所推动的尚不是真正意义上的现代科学,而只是"前科学"或"伪科学",因为它要么是知其然而不知其所以然,要么是基于错误的推理而得出了错误的结论。但是,前科学是现代科学的准备,伪科学是真科学的母体。中国古代前科学和伪科学没有产生出近现代科学的事实,并不能否定前科学和伪科学的存在意义。

原典阅读

《抱朴子内篇·论仙》选

【解题】

两晋之交的葛洪是由古迄于其世的神仙之说的集大成者,同时又是神仙新理论的开创者。葛洪的神仙理论,是以儒家现世理性精神为基础对神仙说所进行的修正,根本上是一种非宗教的思想。葛洪坚信神仙可成,但这种坚信并非出于一种迥异于儒家伦理的宗教信仰,而主要是出于一种"技术性"的思维,认为"技术"力量比如金丹之道可以达成长生不死。葛洪的理论和实践,主要反映在《抱朴子内篇》中。其中《论仙》一篇,尤为纲领。在这一篇文字中,葛洪全面论述了神仙的合理性和可能性,并力图解决"神仙说"的现世伦理问题,以使之成为儒家思想的补充。此处选择重要段落,略加注释。原文依据王明《抱朴子内篇校释》,注释也吸取了其书的研究成果。

【原文】

或问曰:"神仙不死,信可得乎?"

抱朴子答曰:"虽有至明,而有形者不可毕见焉①;虽禀极聪,而有声者不可尽闻焉②;虽有大章竖亥之足,而所常履者

---

① 至明:最好的视力。本句的意思是:即使有最好的视力,有形的东西也无法全部看见。

② 极聪:听力极好。《庄子·外物》:"耳彻为聪。"本句的意思是:即使有最敏锐的听力,有声的东西也无法全部听见。

未若所不履之多①。虽有禹益齐谐之智,而所尝识者未若所不识之众也②。万物云云,何所不有? 况列仙之人,盈乎竹素矣。不死之道,曷为无之?③"

于是问者大笑曰:"夫有始者必有卒,有存者必有亡。故三五丘旦之圣,弃疾良平之智④,端婴随郦之辩⑤,贲育五丁之勇⑥,而咸死者,人理之常然,必至之大端也⑦。徒闻有先霜而枯瘁,当夏而凋青,含穗而不秀,未实而萎零,未闻有享于万年之寿,久视不已之期者矣⑧。故古人学不求仙,言不语怪,杜彼

① 大章、竖亥:古时善于行走的人。本句的意思是:即使有大章、竖亥这些善走者的脚,所走过的路也不如没走过的多。

② 禹益:禹的臣子益,传说《山海经》为益所作,见王充《论衡·别通》:"禹主行水,益主记异物,海外山表,无所不至,以所记闻作《山海经》。"齐谐:人名,见《庄子·逍遥游》:"齐谐者,志怪者也。"此指古时博文多识、多记异闻的人。本句的意思是:即使如禹的臣子益和齐谐那样博闻多识,所知的也不如未知的多。

③ 竹素:竹,简牍,素,绢帛,二者都是古代书写载体,代指书籍文献。本句的意思是:世间万物芸芸,什么是绝对没有的? 何况仙人的事迹多见于典籍。长生不死的道术,怎能说没有?

④ 弃疾良平:弃,后稷,周之先祖,舜命为农官,教民稼穑,《诗经·大雅·生民》记其事迹。疾,樗里子,战国时秦惠王臣,《史记·樗里子甘茂列传》:"樗里子滑稽多智,秦人号曰'智囊'。"良,张良,汉高祖臣,《史记·留侯世家》:"高帝曰:'运筹策帷帐中,决胜千里外,子房功也。'"平,陈平,汉初谋士,《史记·高祖本纪》云:"陈平智有余。"以上皆智者。

⑤ 端婴随郦:端,端木赐,即孔子弟子子贡,善辩,《史记·仲尼弟子列传》:"子贡利口巧辞,孔子常黜其辩。"婴,晏婴,春秋时齐景公相,善辩,事见《史记·管晏列传》;随,随何,汉高祖臣,善辩,曾说服英布反楚从汉,事见《史记·黥布列传》。郦,郦食其,汉高祖臣,善辩,常为说客驰使诸侯之间,事见《史记·郦生陆贾列传》。以上皆辩才。

⑥ 贲育五丁:贲育,孟贲、夏育的合称,古之勇士,《汉书·司马相如传》:"勇期贲育。"颜师古注:"孟贲,古之勇士也,水行不避蛟龙,陆行不避豺狼,发怒吐气,声响动天。夏育,亦猛士也。"五丁,古蜀国五个力士,有"五丁开山"的传说,扬雄《蜀王本纪》云:"天为蜀王生五丁力士,能徙山。"以上皆勇士。

⑦ 大端:主要的端绪。本句的意思是:纵是古之圣人、智者、辩才、勇士,都难逃一死,可知死亡是人间的常理,是人们终须面对的归宿。

⑧ 含穗而不秀:作物含穗而不能吐穗开花。久视:长生不死。《道德经》第五十九章:"是谓深根固柢,长生久视之道。"本句的意思是:尽管有不少有关植物生长的异闻,但尚未听说有真正长生不死的人。

异端,守此自然,推龟鹤于别类,以死生为朝暮也①。夫苦心约己,以行无益之事,镂冰雕朽,终无必成之功。未若搋匡世之高策,招当年之隆祉,使紫青重纡②,玄牡龙跱③,华毂易步迻④,鼎铼代耒耜⑤,不亦美哉?每思诗人《甫田》之刺⑥,深惟仲尼"皆死"之证,无为握无形之风,捕难执之影,索不可得之物,行必不到之路,弃荣华而涉苦困,释甚易而攻至难,有似桑者之逐游女,必有两失之悔⑦,单张之信偏见,将速内外之祸也⑧。夫班狄不能削瓦石为芒针⑨,欧冶不能铸铅锡为干将⑩。故不可

_____

① 龟鹤:龟与鹤为传说中寿命千岁的灵物。本句的意思是:古人学道不求仙,言谈不涉怪,摒除异端邪说,专守自然无为,将长寿千年的龟鹤作为有别于人类的特异物种,而将生死看作如同朝暮更替的寻常事件。

② 紫青:汉制,丞相、太尉皆金印紫绶,御史大夫银印青绶。纡:系结、佩戴。

③ 玄牡:祭天所用黑色公牛,意谓从事高等级的祭典,《尚书·汤诰》:"敢用玄牡,敢昭告于上天神后,请罪有夏。"龙跱:如龙一般盘踞,谓身份高贵。

④ 华毂:有文采的车驾,意谓待遇优渥。步迻:步行。

⑤ 鼎铼:用鼎盛食物,谓饮食华贵。耒耜:农具,代指耕作自给,生活简朴。

⑥ 《甫田》:《诗经·齐风·甫田》有"无思远人,劳心忉忉"的诗句,《毛序》认为是大夫"刺(齐)襄公"之语,劝他不要"志大心劳,所以求者非其道"。此处用以劝说不必求仙。

⑦ 丧者:据王明《校释》,"丧"当作"桑"。典出《列子·说符》:"邻之人有送其妻适私家者,道见桑妇,悦而与言。然顾视其妻,亦有招之者矣。"本句的意思是:舍弃现世生活,追求虚无仙道,就好像在桑间追逐游女的人,既不可能登于仙道,同时又会失去世俗生活。

⑧ 单张:单,单豹;张,张毅。见《庄子·达生》:"鲁有单豹者,岩居而水饮,不与民共利,行年七十而犹有婴儿之色,不幸遇饿虎,饿虎杀而食之。有张毅者,高门县薄,无不走也,行年四十而有内热之病以死。豹养其内而虎食其外,毅养其外而病攻其内,此二子者,皆不鞭其后者也。"本句的意思是:单豹、张毅二人一个特别偏重养内,一个极端偏重养外,本于一己偏见,最终只能自己招致祸患。

⑨ 班狄:"狄"通"翟",此即公输班、墨翟合称,二人并为巧匠。《墨子·公输》:"公输盘为楚造云梯之械。"《韩非子·外储说左上》:"墨子为木鸢。"本句的意思是:纵使是公输班、墨翟这样的巧匠,也不能将瓦石削成尖针。

⑩ 欧冶:欧冶子,春秋时越国著名铸剑师,见《越绝书·外传记宝剑》:"寡人闻吴有干将,越有欧冶子,此二子甲世而生,天下未尝有,因吴王请此二人作铁剑,可乎?"干将:本为春秋时吴国铸剑师名,此处为其所铸宝剑名。《战国策·齐策》:"今虽干将莫邪,非得人力,则不能割刿矣。"本句的意思是:纵使有欧冶子这样的铸剑名家,也无法用粗劣的铅锡铸成干将之流的宝剑。

为者，虽鬼神不能为也；不可成者，虽天地不能成也。世间亦安得奇方，能使当老者复少，而应死者反生哉？而吾子乃欲延蟪蛄之命，令有历纪之寿①，养朝菌之荣，使累晦朔之积②，不亦谬乎？愿加九思，不远迷复焉。"

抱朴子答曰："夫聪之所去，则震雷不能使之闻，明之所弃，则三光不能使之见，岂辐磕之音细，而丽天之景微哉③？而聋夫谓之无声焉，瞽者谓之无物焉④。又况管弦之和音，山龙之绮粲，安能赏克谐之雅韵，昤晔之鳞藻哉？故聋瞽在乎形器，则不信丰隆之与玄象矣。而况物有微于此者乎？暗昧滞乎心神，则不信有周孔于在昔矣。况告之以神仙之道乎⑤？

"夫存亡终始，诚是大体。其异同参差，或然或否，变化万品，奇怪无方，物是事非，本钧末乖，未可一也。夫言始者必有终者多矣，混而齐之，非通理矣⑥。谓夏必长，而荠麦枯焉；谓冬必凋，而竹柏茂焉；谓始必终，而天地无穷焉；谓生必死，而龟鹤长存焉；盛阳宜暑，而夏天未必无凉日也；极阴宜寒，而严冬未必无暂温也；百川东注，而有北流之活活；坤道

---

① 蟪蛄：寒蝉，寿命极短的小虫，或春生夏死，或夏生秋死，寿命不过一季。《庄子·逍遥游》："蟪蛄不知春秋。"纪：《抱朴子内篇·微旨》云："大者夺纪，纪者三百日也。"三百日即代一年。本句的意思是：蟪蛄的寿命本来最多一季，现在却想要延长至一年。

② 朝菌：寿命极短的菌类，朝生暮死。《庄子·逍遥游》："朝菌不知晦朔。"荣：草木生长茂盛的状态。晦朔：每月第一天为朔，最后一天为晦。本句的意思：朝菌本是朝生暮死，却意欲保持其旺盛的状态，让它具累积数月的生命。

③ 三光：日、月、星。辐磕：拟声词，雷声。丽天之景：指附丽于天的日月星辰。本句的意思是：听力丧失，就听不到雷声滚滚，视力丧失，就看不见日月星辰，难道是雷鸣的声音太小，日月星辰的光太微弱吗？

④ 瞽者：盲人。本句的意思是：对于雷声，耳聋者认为无声，对于三光，目盲者认为无物。

⑤ 本句的意思是：若是蒙昧阻塞心神，就不会相信世间存在周公孔子。何况神仙之道呢？

⑥ 混而齐之：混同万物，等量齐观。本句的意思是：声称事物必然有始有终的人很多，但若混同万物，平齐而论，则不能以此为世间通理。

至静,而或震动而崩弛;水性纯冷,而有温谷之汤泉;火体宜炽,而有萧丘之寒焰;重类应沉,而南海有浮石之山;轻物当浮,而牂柯有沈羽之流。万殊之类,不可以一概断之,正如此也久矣。有生最灵,莫过乎人。贵性之物,宜必钧一。而其贤愚邪正,好丑修短,清浊贞淫,缓急迟速,趋舍所尚,耳目所欲,其为不同,已有天壤之觉,冰炭之乖矣。何独怪仙者之异,不与凡人皆死乎①?

......

"若夫仙人,以药物养身,以术数延命,使内疾不生,外患不入,虽久视不死,而旧身不改,苟有其道,无以为难也②。而浅识之徒,拘俗守常,咸曰世间不见仙人,便云天下必无此事,夫目之所曾见,当何足言哉? 天地之间,无外之大,其中殊奇,岂遽有限③。诣老戴天,而无知其上,终身履地,而莫识其下④。形骸己所自有也,而莫知其心志之所以然焉⑤。寿命在我者也,而莫知其修短之能至焉。况乎神仙之远理,道德之幽玄,仗其短浅之耳目,以断微妙之有无,岂不悲哉⑥?

"设有哲人大才,嘉遁勿用⑦,翳景掩藻,废伪去欲,执太

---

① 本句的意思是:怎能惊怪于神仙长生,不与凡人同死呢?

② 本句的意思是:仙人服食养生,得以免于疾患,能够长存于世而形貌不改,因为其自有方法的缘故,做到这些并不困难。

③ 无外:无穷。岂遽:难道,作反问。本句的意思是:世界广阔,没有边际,其中奇怪的事情,难道是有限的吗?

④ 诣老戴天:诣老,活到老。《抱朴子内篇·勤求》:"诣老空耕石田,而望千仓之收,用力虽尽,不得其所也。"本句的意思是:人一生头顶苍天,但不知天上之事;脚踏大地,而不识地下之事。

⑤ 形骸:人的躯体。本句的意思是:自己能拥有身体,却不知道自己的思想如何产生。

⑥ 本句的意思是:仅凭借凡人短浅的耳目,就妄断微妙道术的有无,这难道不悲哀吗?

⑦ 嘉遁:合乎时宜的隐遁。《周易·遁》:"嘉遁,贞吉。"勿用:潜藏无所施用。《周易·乾》:"潜龙,勿用。"

璞于至醇之中，遗末务于流俗之外，世人犹甚鲜能甄别，或莫造志行于无名之表，得精神于陋形之里，岂况仙人殊趣异路，以富贵为不幸，以荣华为秽污，以厚玩为尘壤，以声誉为朝露，蹈炎飙而不灼，蹀玄波而轻步，鼓翮清尘，风驷云轩，仰凌紫极，俯栖昆仑，行尸之人，安得见之？假令游戏，或经人间，匿真隐异，外同凡庸，比肩接武，孰有能觉乎？若使皆如郊间两瞳之正方①，卬疏之双耳，出乎头巅②，马皇乘龙而行③，子晋躬御白鹤④，或鳞身蛇躯，或金车羽服，乃可得知耳。自不若斯，则非洞视者安能觌其形，非彻听者安能闻其声哉？世人既不信，又多疵毁，真人疾之，遂益潜遁。且常人之所爱，乃上士之所憎；庸俗之所贵，乃至人之所贱也。英儒伟器，养其浩然者，犹不乐见浅薄之人、风尘之徒。况彼神仙，何为汲汲使乌狗之伦，知有之何所索乎，而怪于未尝知也⑤。目察百步，不能了了，而欲以所见为有，所不见为无，则天下之所无者，亦必多矣。所谓以指测海，指极而云水尽者也⑥。蟪蛄校巨鳌，日及料大椿，岂所能及哉？

---

① 郊间：仙人名。两瞳之正方：两眼瞳孔为正方形。按《神仙传·王真》："郊间人者，周宣王时郊间采薇之人也。……八百岁人，目瞳正方；千岁人，目理纵。采薪者乃千岁之人也。"则郊间人的特征为"目理纵"。此云"两瞳之正方"，似葛洪误记。

② 卬疏：仙人名。按《列仙传·卬疏》："卬疏者，周封史也。能行气练形，煮石体而服之，谓之石钟乳，至数百年。"未言长耳。嵇康《答难养生论》："务光以蒲韭长耳，卬疏以石髓驻年。"葛洪盖本于此，误以务光之"长耳"属下，遂记作卬疏有长耳。

③ 马皇：即马师皇，传说中黄帝的马医。《列仙传·马师皇》："马师皇者，黄帝时马医也，一旦，龙负皇而去。"

④ 子晋：即王子晋，又名王子乔，《列仙传·王子乔》："王子乔者，周灵王太子晋也。好吹笙，作凤凰鸣。……乘白鹤驻山头，望之不得到，举手谢时人，数日而去。"

⑤ 本句的意思是：神仙为什么要急切地使世俗百姓知晓求仙之法，并责怪自己早先不知此事呢？

⑥ 本句的意思是：用手指测量大海之深，手指伸到极端便说水深仅至于此。

"凡世人所以不信仙之可学，不许命之可延者，正以秦皇汉武求之不获，以少君栾太为之无验故也。然不可以黔娄、原宪之贫，而谓古者无陶朱、猗顿之富。不可以无盐、宿瘤之丑，而谓在昔无南威、西施之美。进趋尤有不达者焉，稼穑犹有不收者焉，商贩或有不利者焉，用兵或有无功者焉，况乎求仙，事之难者，为之者何必皆成哉①？彼二君两臣，自可求而不得，或始勤而卒怠，或不遭乎明师，又何足以定天下之无仙乎②？

"夫求长生，修至道，诀在于志，不在于富贵也③。苟非其人，则高位厚货，乃所以为重累耳。何者？学仙之法，欲得恬愉澹泊，涤除嗜欲，内视反听，尸居无心，而帝王任天下之重责，治鞅掌之政务，思劳于万几，神驰于宇宙，一介失所，则王道为亏，百姓有过，则谓之在予。醇醪汨其和气，艳容伐其根荄，所以翦精损虑，削乎平粹者，不可曲尽而备论也。蚊噆肤则坐不得安，虱群攻则卧不得宁。四海之事，何只若是。安得掩翳聪明，历藏数息，长斋久洁，躬亲炉火，夙兴夜寐，以飞八石哉？汉武享国，最为寿考，已得养性之小益矣，但以升合之助，不供钟石之费，畎浍之输，不给尾闾之泄耳④。

"仙法欲静寂无为，忘其形骸，而人君撞千石之钟，伐雷霆之鼓，砰磕嘈嗽，惊魂荡心，百技万变，丧精塞耳，飞轻走

----

① 本句的意思是：奋力进取尚且不一定达到目的，种庄稼有时不收获，商贩有时不获利，用兵有时无军功。何况神仙之事，本就难于常事，怎么可能一定成功？

② 二君两臣：指秦始皇、汉武帝、李少君、栾大。本句的意思是：二君两臣求仙而不得，是因为他们有的开始勤奋而后懈怠，有的没有遇到高明的师父加以指导，所以又怎能以此断定世间没有神仙存在呢？

③ 诀：要诀，关键。本句的意思是：求长生之术，修至上之道，关键在于志向坚定，不在于身家富贵。

④ 尾闾：海水泻出的地方。《庄子·秋水》："天下之水，莫大于海，万川归之，不知何时止而不盈；尾闾泄之，不知何时已而不虚。"本句通过几个比喻，指出汉武帝养性所获得的资益，根本抵不上其任重思劳的消耗。

迅,钩潜弋高。仙法欲令爱逮蠉蠕,不害含气,而人君有赫斯之怒,芟夷之诛,黄钺一挥,齐斧暂授,则伏尸千里,流血滂沱,斩断之刑,不绝于市。仙法欲止绝臭腥,休粮清肠,而人君烹肥宰腯,屠割群生,八珍百和,方丈于前,煎熬勺药,旨嘉餍饫。仙法欲溥爱八荒,视人如已,而人君兼弱攻昧,取乱推亡,辟地拓疆,泯人社稷,驱合生人,投之死地,孤魂绝域,暴骸腐野,五岭有血刃之师,北阙悬大宛之首,坑生煞伏,动数十万,京观封尸,仰干云霄,暴骸如莽,弥山填谷。秦皇使十室之中,思乱者九。汉武使天下嗷然,户口减半。祝其有益,诅亦有损。结草知德①,则虚祭必怨。众烦攻其膏肓,人鬼齐其毒恨。彼二主徒有好仙之名,而无修道之实,所知浅事,不能悉行。要妙深秘,又不得闻。又不得有道之士,为合成仙药以与之,不得长生,无所怪也。

　　"吾徒匹夫,加之罄困,家有长卿壁立之贫,腹怀翳桑绝粮之馁,冬抱戎夷后门之寒,夏有儒仲环堵之映,欲经远而乏舟车之用,欲有营而无代劳之役,入无绮纨之娱,出无游观之欢,甘旨不经乎口,玄黄不过乎目,芬芳不历乎鼻,八音不关乎耳,百忧攻其心曲,众难萃其门庭,居世如此,可无恋也。或得要道之诀,或值不群之师,而犹恨恨于老妻弱子,眷眷于狐兔之丘。迟迟以臻徂落,日月不觉衰老,知长生之可得而不能修,患流俗之臭鼠而不能委。何者?爱习之情卒难遣,而绝俗之志未易果也。况彼二帝,四海之主,其所耽玩者,非一条也,其所亲幸者,至不少矣。正使之为旬月之斋,数日闲居,犹将不能,况乎内弃婉娈之宠,外捐赫奕之

---

　　① 结草:结草报恩,事见《左传·宣公十五年》:"初,魏武子有嬖妾,无子。武子疾,命颗曰:'必嫁是。'疾病,则曰:'必以为殉。'及卒,颗嫁之,曰:'疾病则乱,吾从其治也。'及辅氏之役,颗见老人结草以亢杜回,杜回踬而颠,故获之。夜梦之曰:'余,而所嫁妇人之父也。尔用先人之治命,余是以报。'"

尊，口断甘肴，心绝所欲，背荣华而独往，求神仙于幽漠？岂所堪哉？是以历览在昔，得仙道者，多贫贱之士，非势位之人。又栾太所知，实自浅薄，饥渴荣贵，冒干货贿，炫虚妄于苟且，忘祸患于无为，区区小子之奸伪，岂足以证天下之无仙哉？

"昔勾践式怒蛙，戎卒争蹈火。楚灵爱细腰，国人多饿死。齐桓嗜异味，易牙蒸其子。宋君赏瘠孝，毁殁者比屋。人主所欲，莫有不至。汉武招求方士，宠待过厚，致令斯辈，敢为虚诞耳。栾太若审有道者，安可得煞乎？夫有道者，视爵位如汤镬，见印绶如缞绖，视金玉如土粪，睹华堂如牢狱。岂当扼腕空言，以侥幸荣华，居丹楹之室，受不訾之赐，带五利之印，尚公主之贵，耽沦势利，不知止足，实不得道，断可知矣。按董仲舒所撰《李少君家录》云，少君有不死之方，而家贫无以市其药物，故出于汉，以假涂求其财，道成而去。又按《汉禁中起居注》云，少君之将去也，武帝梦与之共登嵩高山，半道，有使者乘龙持节，从云中下，云太乙请少君。帝觉，以语左右曰，如我之梦，少君将舍我去矣。数日而少君称病死。久之，帝令人发其棺，无尸，唯衣冠在焉。按《仙经》云，上士举形升虚，谓之天仙。中士游于名山，谓之地仙。下士先死后蜕，谓之尸解仙。今少君必尸解者也。近世壶公将费长房去，及道士李意期将两弟子去，皆托卒死，家殡埋之。积数年，而长房来归。又相识人见李意期将两弟子皆在郫县。其家各发棺视之，三棺遂有竹杖一枚，以丹书符于杖。此皆尸解者也。

……

"又《神仙集》中有召神劾鬼之法，又有使人见鬼之术。俗人闻之，皆谓虚文。或云天下无鬼神，或云有之，亦不可劾召。或云见鬼者，在男为觋，在女为巫，当须自然，非可学而得。按《汉书》及《太史公记》，皆云齐人少翁，武帝以为文成将军。武帝所幸李夫人死，少翁能令武帝见之如生人状。又令武帝见灶神。此史籍之明文也。夫方术既令鬼见其形，又令本不见鬼者见鬼，推此而言，其余亦何所不有也。鬼神数为人间作光怪变异，又经典所载，多鬼神之据，俗人尚不信天下之有神鬼，况乎仙人居高处远，清浊异流，登退遂往，不返于世，非得道者，安能见闻。而儒墨之家知此不可以训，故终不言其有焉。俗人之不信，不亦宜乎？惟有识真者，校练众方，得其征验，审其必有，可独知之耳，不可强也。故不见鬼神，不见仙人，不可谓世间无仙人也。人无贤愚，皆知己身之有魂魄，魂魄分去则人病，尽去则人死。故分去则术家有拘录之法，尽去则礼典有招呼之义[1]。此之为物至近者也，然与人俱生，至乎终身，莫或有自闻见之者也。岂可遂以不闻见之，又云无之乎？

"世人以刘向作金不成[2]，便谓索隐行怪，好传虚无，所撰《列仙》，皆复妄作。悲夫！此所谓以分寸之瑕，弃盈尺之夜光，以蚁鼻之缺，捐无价之淳钧，非荆和之远识，风胡之赏真也。斯朱公所以郁悒，薛烛所以永叹矣。夫作金皆在《神仙集》中，淮南王抄出，以作《鸿宝枕中书》，虽有其文，然皆秘其要文，必须口诀，临文指解，然后可为耳，其所用药，复多改其本名，不可按之便用也。刘向父德治淮南王狱中所得此书，

---

[1] 礼典有招呼之义："礼典"指礼学典籍，"招呼"指儒家丧礼中近似招魂的"复"礼。见《仪礼·士丧礼》："复者一人，以爵弁服，簪裳于衣，左何之，扱领于带。升自前东荣，中屋，北面招以衣，曰：'皋某复！'三，降衣于前。"

[2] 作金不成：刘向欲凭借淮南王的《枕中鸿宝苑秘书》炼出黄金，终无结果。事见《汉书·刘向传》："上复兴神仙方术之事，而淮南有《枕中鸿宝苑秘书》。书言神仙使鬼物为金之术，及邹衍重道延命方，世人莫见，而更生父德武帝时治淮南狱得其书。更生幼而读诵，以为奇，献之，言黄金可成。上令典尚方铸作事，费甚多，方不验。"

非为师授也。向本不解道术，偶偏见此书，便谓其意尽在纸上，是以作金不成耳。至于撰《列仙传》，自删秦大夫阮仓书中出之，或所亲见，然后记之，非妄言也。狂夫童谣，圣人所择。刍荛之言，或不可遗。采葑采菲，无以下体[①]，岂可以百虑之一失，而谓经典之不可用，以日月曾蚀之故，而谓悬象非大明哉？外国作水精碗，实是合五种灰以作之，今交广多有得其法而铸作之者。今以此语俗人，俗人殊不肯信。乃云水精本自然之物，玉石之类。况于世间，幸有自然之金，俗人当何信其有可作之理哉？愚人乃不信黄丹及胡粉，是化铅所作。又不信骡及駏驉，是驴马所生。云物各自有种。况乎难知之事哉？夫所见少，则所怪多，世之常也。信哉此言。其事虽天之明，而人处覆甑之下，焉识至言哉？"

吴筠《玄纲论》选

【解题】

吴筠，字正节，华阴人。举进士不中后入道士籍，师事潘师正，与当时著名文士交往甚密。曾受唐玄宗召见问道，并为所重。代宗大历十三年卒，私谥宗元先生。吴筠著述甚丰，在道教理论方面颇有发明，其中《玄纲论》、《神仙可学论》最为重要。《玄纲论》分三篇共三十三章，上篇九章"明道德"，中篇十五章"辩法教"，下篇九章"析凝滞"，涉及本体、教化及修真实践等方面的重要问题。此处三章选自《正统道藏》本《宗玄先生玄纲论》。

---

① 采葑采菲，无以下体：出自《诗经·邶风·谷风》。葑，蔓菁；菲，芜菁类植物；二者茎叶可食，而根苦。杜预曰："葑菲之采，上善下恶，食之者不以其恶而弃其善，言可取其善节。"

【原文】

道德章第一

道者，何也？虚无之系，造化之根，神明之本，天地之源。其大无外，其微无内，浩旷无端，杳冥无对。至幽靡察而大明垂光，至静无心而品物有方。混漠无形，寂寞无声，万象以之生，五音以之成。生者有极，成者必亏，生生成成，古今不移。此之谓道也。德者，何也？天地所禀，阴阳所资，经以五行，纬以四时。牧之以君，训之以师，幽冥动植，咸畅其宜。泽流无穷，群生不知谢其功；惠加无极，百姓不知赖其力。此之谓德也。然则通而生之之谓道，道固无名焉。蓄而成之之谓德，德固无称焉。尝试论之：天地人物，灵仙鬼神，非道无以生，非道无以成。生者不知其始，成者不见其终。探奥索隐，莫窥其宗。入有之末，出无之先，莫究其朕，谓之自然。自然者，道德之常，天地之纲也。

……

明本末章第九

夫仁义礼智者，帝王政治之大纲也。而道家独云"遗仁义、薄礼智"者，何也？道之所尚，存乎本，故至仁合天地之德，至义合天地之宜，至礼合天地之容，至智合天地之辩，皆自然所禀，非企羡可及。矫而效之，斯为伪矣。伪则万诈萌生，法不能理也。所以贵浮古而贱浇季，内道德而外仁义，先素朴而后礼智，将敦其本，以固其末。犹根深则条茂，源浚则流长，非弃仁义、薄礼智也。故道丧而犹有德，德衰而犹有仁，仁亏而犹有义，义缺而犹有礼，礼坏则继之以乱，而智适足以凭陵天下矣。故礼智者，制乱之大防也。道德者，抚乱之宏纲也。然则道德为礼之本，礼智为道之末。执本者易而固，持末者难而危。故人主以道为心，以德为体，以仁义为车服，以礼智为冠冕，则垂拱而天下化矣。若尚礼智而忘道德者，所为有容饰而无心灵，则虽乾乾夕惕，而天下散矣。故三皇化之以道，五帝抚之以德，三王理之以仁义，五伯率之以礼智。故三皇为至治，五伯邻至乱，故舍道德而专任礼智者，非南面之术。是以先明道德，道德明则礼智薄矣。老子曰："礼者，忠信之薄而乱之首。"以智治国国之贼，不以智治国国之福，此谓礼亏则乱，智变则诈。故塞其乱源，而绝其诈根。而扬雄、班固之俦，咸以道家轻仁义、薄礼智，而专任清虚者，盖世儒不达玄圣之深旨也。

吴筠《神仙可学论》选

【解题】

吴筠《神仙可学论》，是唐代道教理论的重要文献之一。道教整合形成以后，神仙的存在已经无可非议，但神仙可否达致、如何达致却仍然是一个需要论证的问题。《神仙可学论》的核心内容，即是对此问题给予了具体的解答。本处原文选自《正统道藏》本《宗玄先生文集》。

【原文】

……故远于仙道有七焉，近于仙道亦有七焉。

当世之士，未能窥妙门，洞幽赜，雷同以泯灭为真实，生成为假幻。但所取者性，所遗者形，甘之死地，乃为常理。殊不知乾坤为《易》之蕴，乾坤毁则无以见《易》。夫形气者，为性之府，形气败则性无所存。性无所存，于我何有。远于仙道一也。

其次谓仙必有限，竟归沦坠之弊。彼昏于智察，则信诬网。讵知块然之有，起自寥然之无。积虚而生神，神用而孕气，气凝而渐著，累著而成形，形立神居，乃为人矣。故任其流遁则死，反其宗源则仙。所以招真以炼形，形清则合于气，含道以炼气，气清则合于神。体与道冥，谓之得道。道固无极，仙岂有穷乎？举世大迷，终于不悟，远于仙道二也。

其次强以存亡为一体，谬以前识为悟真。形体以败散为期，营魄以更生为用，乃厌见有之质，谋将来之身。安知入造化之洪炉，任阴阳之鼓铸，游魂迁革，别守他器，神归异族，识昧先形，犹乌化为鱼，鱼化为乌，各从所适，两不相通。形变尚莫之知，何况死而再造。诚可哀者，而人不哀。远于仙道三也。

其次以轩冕为得意，功名为不朽，悦色耽声，丰衣厚味，自谓封植为长策，贻后昆为远图。焉知盛必衰，高必危，得必丧，盈必亏。守此用为深固，置清虚于度外，肯以恬智交养中和，率性通真为意乎？远于仙道四也。

其次强盛之时，为情爱所役，斑白之后，有希生之心。虽修学始萌，而伤残未补，靡蠲积习之性，空务皮肤之好，窃慕道之名，乖契真之实，不除死籍，未载玄箓，岁月荏苒，大期奄至，及将殂谢，而怨咎神明。远于仙道五也。

其次闻大丹可以羽化，服食可以延龄。遂汲汲于炉火，孜孜于草木，财屡空于八石，药难效于三关。不知金液待诀于灵人，芝英必滋于道气。莫究其本，务之于末，竟无所就，谓古人欺我。远于仙道六也。

其次身栖道流，心溺尘境，动违科禁，静无修习，外招清静之誉，内蓄奸回之谋。人乃可欺，神不可调。远于仙道七也。

若乃性耽玄虚，情寡嗜好。不知荣华之可贵，非强力以自高；不见淫僻之可欲，非闲邪以自贞。体至仁，含至静，超迹尘滓,栖真物表,想道结襟,以无为为事。近于仙道一也。

其次希高敦古,克意尚行。知荣华为浮寄,忽之而不顾;知声色能伐性,捐之而不取。剪阴贼,树阴德,惩忿窒欲,齐毁誉,处林岭,修清真。近于仙道二也。

其次身居禄位之场,心游道德之乡。奉上以忠,临下以义,于己薄,于人厚,仁慈恭和,弘施博爱。外混嚣浊,内含澄清,潜行密修,好生恶死。近于仙道三也。

其次潇洒华门,乐贫甘贱。抱经济之器,泛若无;洞古今之学,旷若虚。爵之不从,禄之不受,确乎以方外为尚,恬乎以摄生为务。近于仙道四也。

其次禀明颖之姿,怀秀拔之节。奋忘机之旅,当锐巧之师,所攻无敌,一战而胜。然后静以安身,和以保神,精以致真。近于仙道五也。

其次追悔既往,洗心自新。虽失之于壮齿,冀收之于晚节。以功补过,过落而功全;以正易邪,邪忘而正在。辘轲不能移其操,喧哗不能乱其性。惟精惟微,稍以诚著。近于仙道六也。

其次至忠至孝,至贞至廉。按真诰之言,不待修学而自得。比干剖心而不死,惠风溺水而复生。伯夷叔齐,曾参孝己,人见其没,道之使存。如此之流,咸入仙格,谓之隐景潜化,死而不亡,此例自然。近于仙道七也。

放彼七远,取此七近,谓之拔陷区,出溺涂,碎祸车,登福舆,始可与涉神仙之津矣。于是识元命之所在,知正气之所由,虚凝淡泊怡其性,吐故纳新和其神。高虚保定之,良药匡补之,使表里兼济,形神俱超,虽未升腾,吾必谓之挥翼于丹霄之上矣。

《洞天福地岳渎名山记》

【解题】

唐末五代道士杜光庭在道教义理方面的重要贡献之一，是在前有基础上进一步完善了道教的"洞天福地"说，从而使道教的"神圣世界"建构得到了进一步的规范化和系统化。其内容即见于《洞天福地岳渎名山记》。本处原文据罗争鸣《杜光庭记传十种辑校》（中华书局，2013）。

【原文】

岳渎众山

玄都玉京山在大罗之中，玉清之上。元京山在玉京之前，峨眉山在玉京之前，广霞山在玉京之右，红映山在玉京之左，紫空山在玉京之左，五间山在玉京之后。

　右在玉清之上、大罗之下，诸山周绕玉京玄都之山，以为辅翼也。

三秀山在玉京之前，金华山在玉京之右，寒童灵山在玉京之右，秀华山在玉京之右，三宝山在玉京之后，飞霞山在玉京之后，浮绝空山在太清之中。

　右三境之山，皆真气所化，上有官阙，大圣所游之处，下应人身十三官府。事见《大洞经》中。

东岳广桑山在东海中，青帝所都。南岳长离山在南海中，赤帝所都。西岳丽农山在西海中，白帝所都。北岳广野山在北海中，黑帝所都。中岳昆仑山在九海中，千辰星为天地心。

方壶山在北海中，去岸三十万里。扶桑山在东海中，地方万里，日之所出。蓬莱山在东海中，高一千里。连石山在东南辰巳之地海中。沃焦山在东海中，百川注之而不盈。方丈山在大海中，高四十九万七千丈。钟山在北海中，弱水之北，万九千里。员峤山在大海中，上干日月。岱舆山在巨海之中。酆都山在九垒之下，一云在癸地，鬼神之司。

玄洲在北海中，地方七千里。瀛洲在东海，名青丘。穆洲在东海中，地方五百里。祖洲在东海中，地方万里，出不死草。元洲在大海中，地方三千里。长洲在巨海中，地方五千里。流洲在西海中，地方三千里。凤麟洲在西海中，出续弦胶。聚窟洲在西海中，地方万里，出反魂香。炎洲在南海中，地方二千里。生洲在西海中，地方二千五百里。

沧海岛在大海中，高五万里。

右十洲、三岛、五岳诸山，皆在昆仑之四方巨海之中，神仙所居，五帝所理，非世人之所到也。

中国五岳

东岳泰山，岳神天齐王，领仙官玉女九万人。山周回二千里，在兖州奉符县。罗浮山、括苍山为佐命，蒙山、东山为佐理。

南岳衡山，岳神司天王，领仙官玉女三万人。山周回二千里，以霍山、潜山为储副，天台山、句曲山为佐理。

中岳嵩高山，岳神中天王，领仙官玉女一十二万人，为五土之主。周回一千里，洛州告成县少室山、东京武当山为佐命，太和山、陆浑山同佐理。

西岳华山，岳神金天王，领仙官玉女七万人。山周回二千里，在华州华阴县。地肺山、女几山为佐命，西城山、青城山、峨眉山、翻冢戎山、西玄具山同佐理。

北岳衡山，岳神安天王，领仙官玉女五万人。山周回二千里，在镇州。河逢山、抱犊山为佐命，玄陇山、崆峒山、阳洛山为佐理。

十大洞天

第一王屋洞小有清虚天，周回万里，王褒所理，在洛州王屋县。

第二委羽洞大有虚明天，周回万里，司马季主所理，在武州。

第三西城洞太玄总真天，周回三千里，王方平所理，在蜀州。

第四西玄洞三玄极真天，广二千里，裴君所理，在金州。

第五青城洞宝仙九室天，广二千里，宁真君所理，在蜀州青城县。

第六赤城洞上玉清平天，广八百里，王君所理，在台州唐兴县。

第七罗浮洞朱明曜真天，广一千里，葛洪所理，在博罗县，属修州。

第八句曲洞金坛华阳天，广百五十里，茅君所理，在润州句容县。

第九林屋洞左神幽墟天，广四百里，龙威丈人所神理，在苏州吴县。

第十括苍洞成德隐真天，广三百里，平仲节所理，在台州乐安县。

右十大洞天、五岳皆高真上仙主统，以福天下，以统众神也。

青城山，五岳丈人希夷真君，在蜀州。

天柱山，九天司命真君，在舒州。

庐山，九天使者真君，在江州。

右佐命山三上司山，皆五岳之佐理，以镇五方，上真高仙所居也。

五镇海渎

东镇沂山东安王，在沂州。南镇会稽山永兴公，在越州。中镇霍山应圣公，在晋州。西镇吴山成德公，在陇州。北镇医巫闾山广宁公，在营州。

东海广德王，在莱州界。南海广利王，在广州界。西海广润王，在同州界。北海广泽王，在洛州界。江渎东广源王，在益州。立春祭淮渎南长源王，在唐州。立夏祭河渎西灵源王，在同州。立秋祭济渎北清源王，在洛州。立冬祭汉渎汉源王，在梁州。（并天宝十年封）

三十六靖庐（略）

三十六洞天

霍童山霍林洞天，三千里，在福州长溪县。太山蓬玄洞天，一千里，在兖州乾封县。衡山朱陵洞天，七百里，在衡州衡山县。华山总真洞天，三百里，在西岳。常山总玄洞天，一百里，在北岳。嵩山司真洞天，三千里，在中岳。峨嵋山虚陵太妙洞天，三百里，在嘉州峨嵋县。庐山洞虚咏真洞天，三百里，在江州浔阳县，九天使者。四明山丹山赤水洞天，一百八十里，在越州余姚县，刘樊得道。会稽山极玄阳明洞天，三百里，在越州会稽县，夏禹探书。太白山玄德洞天，五百里，在京兆鄠屋县，太上所现坛。西山天宝极玄洞天，三百里，在洪州南昌县，洪崖所居。大围山好生上元洞天，三百里，在潭州醴陵县，傅天师所居石室仙坛。潜山天柱司玄洞天，一千三百里，在舒州桐城县，九天司命。武夷山升真化玄洞天，百二十里，在建州建阳县，毛竹武夷君。鬼谷山贵玄思真洞天，七十里,在信州贵溪县。华盖山容城太玉洞天,四千里,在温州永嘉县。玉笥山太秀法乐洞天,百二十里,在吉州新淦县。盖竹山长耀宝光洞天,八十里,在台州黄岩县,葛仙公所居。都峤山太上宝玄洞天,八十里,在容州。白石山秀乐长真洞天,七十里,在容州北源。句漏山玉阙宝圭洞天,三十里,在容州,有石室丹井。九疑山湘真太虚洞天,三十里,在道州延唐县。洞阳山洞阳隐观洞天,百五十里,在潭州长沙县。幕阜山玄真太元洞天,二百里,在鄂州唐军县,吴猛上升处。大酉山大酉华妙洞天,一百里,在辰州界。金庭山金庭崇妙洞天,三百里,在越州剡县,褚伯玉、沈休文居之。麻姑山丹霞洞天,一百五十里,在抚州南城县,麻姑上升。仙都山仙都祈仙洞天,三百里,在处州缙云县,黄帝上升。青田山青田大鹤洞天,四十里,在处州青田县,叶天师居之。天柱山大涤玄盖洞天,一百里,在杭州余杭县,天柱观。钟山朱湖太生洞天,一百里,在润州上元县。良常山良常方会洞天,三十里,在茅山东北,中茅君所居。桃源山白马玄光洞天,七十里,在朗州武陵县。金华山金华洞元洞天,五十里,在婺州金华县,有皇初平赤松观。紫盖山紫玄洞盟洞天,八十里,在韶州曲江县。

七十二福地

地肺山,在茅山,有紫阳观,乃许长史宅。石磕源,在台州黄岩县峤岭。东仙源,在温州白溪。南田,在处州青田。玉瑠山,在温州海中。青屿山,在东海口。崆峒山,在夏州,黄帝所到。郁木坑,在吉州玉笥山玉梁观,乃萧子云宅。武当山,在均州,七十一洞。君山,在岳州青草湖中。桂源,在连州抱福山,廖先生宅。灵墟,在台州天台山,司马天师居处。沃州,在越州剡县。天姥岭,在台州天台南,刘、阮迷路处。若耶溪，在越州南樵风径。巫山，在夔州大仙坛。清远山，在婺州浦阳县东白山。安山，在交州，安期先生居处。马岭，在郴州，苏耽上升处。鹅羊山，在长沙县，许君斩蜃处。洞真坛，在长沙南岳祝融峰洞宫，在长沙北。玉清坛，在长沙北。洞灵源，在衡州南岳招仙观上峰。陶山，在温州安固县，贞白先生修药处。烂柯山，在衢州信安县。龙虎山，在信州贵溪县，天师宅。勒溪，在建州建阳县。灵应山，在饶州北，施真人宅。白水源，在龙州。金精山，在虔州虔化县，张女真修道处。阁皂山，在吉州新淦县，天师行化。始丰山，在洪州丰城县。逍遥山，在洪州，连西山，许真君修道处。东白源，在洪州新吴县，钟真人宅。缽池，在楚州北，王真人修道处。论山，在丹徒县。毛公坛，在苏州洞庭湖中。包山，七十二坛，刘根先生修道处。九华山，在池州青阳县，窦真人上升处。桐栢山，在唐州桐栢县，淮水上源。平都山，在忠州酆都县，阴君上升处。绿萝山，在常德武陵北。章观山，在澧州澧阳县。抱犊山，在潞州上党，庄周所居。大面山，在蜀州青城山，罗真人所居。虎溪，在湖州安吉县，方真人修道处。元展山，在江州都昌县。马迹山，在舒州，王先生修洞渊法处。德山，在朗州武陵县，善卷先生居，古名枉山。鸡笼山，在和州历阳县。王峰，在蓝田县。商谷，在商州上洛县，四皓所隐处。阳羡山，在常州义兴县张公洞。长白山，在兖州。中条山，在河中永乐县，侯真人上升。霍山，在寿州。云山，在朗州武陵县。四明山，在梨州，魏道微上升处。缑氏山，在洛州缑氏县，子晋上升处。临邛山，在邛州临邛县。白鹤山，相如所居。少室山，在河南府，连中岳。翠微山，在西安府终南太一观。大隐山，在明州慈溪县天宝观。白鹿山，在杭州天柱山，吴天师所隐。大若岩，在温州永嘉县，贞白先生修《真诰》处。嵊山，在莱州崂嵊山，仙公会真处。西白山，在越州剡县,赵广信上升处。天印山,在升州上元县洞玄观,仙公行化处。金城山,在云中郡。三皇井,在温州仙岩山。沃壤,在海州东海县,二疏修道处。

灵化二十四(略)

魏晋至唐宋道教文学作品选

〔叙事文学〕

《神仙传》

……但闻其语云:"麻姑再拜,不见忽已五百余年……当按行蓬莱,今便暂住,如是当还,还便亲觐……"……麻姑至矣……自说云:"接侍以来,已见东海三为桑田。向到蓬莱,水又浅于往者会时略半也,岂将复还为陆陆乎?"方平笑曰:"圣人皆言海中复扬尘也。"(《太平广记》卷六十引)

(壶公)常悬一空壶于坐上,日入之后,公辄转足跳入壶中,人莫知所在。唯长房于楼上见之,知其非常人也。……公语长房曰:"卿见我跳入壶中时,卿便随我跳,自当得入。"长房承公言为试,展足不觉已入,既入之后,不复见壶,但见楼观五色,重门阁道,见公左右侍者数十人。公语长房曰:"我仙人也……"(《四库全书》本)

(张陵)将诸弟子,登云台绝岩之上,下有一桃树如人臂,傍生石壁,下临不测之渊,桃大有实。陵谓诸弟子曰:"有人能得此桃实,当告以道要。"于时伏而窥之者三百余人,股战流汗,无敢久临视之者,莫不却退而还,谢不能得。升一人乃曰:"神之所护,何险之有! 圣师在此,终不使吾死于谷中耳。师有教者,必是此桃有可得之理故耳。"乃从上自掷投树上,足不蹉跌,取桃实满怀。而石壁险峻,无所攀缘,不能得返,于是乃以桃一一掷上,正得二百二颗。陵得而分赐诸弟子各一。陵自食,留一以待升。陵乃以手引升,众视之,见陵臂加长三二丈,引升,升忽然来还,乃以向所留桃与之。升食桃毕,陵乃临谷上,戏笑而言曰:"赵升心自正,能投树上,足不蹉跌,吾今欲自试投下,当应得大桃也。"众人皆谏,唯升与王长嘿然。陵遂投空,不落桃上。失陵所在,四方皆仰,上则连天,下则无底,往无道路,莫不惊叹悲涕。唯升、长二人,良久乃相谓曰:"师则父也,自投于不测之崖,吾何以自安?"乃俱投身而下,正堕陵前,见陵坐局脚床斗帐中,见升、长二人笑曰:"吾知汝来。"乃授二人道毕。(《太平广记》卷八引)

〔诗歌文学〕

曹植《升天行》其一

乘跷追术士,远之蓬莱山。灵液飞素波,兰桂上参天。玄豹游其下,翔鹍戏其巅。乘风忽登举,仿佛见众仙。

郭璞《游仙诗》其二、其三

青溪千余仞,中有一道士。云生梁栋间,风出窗户里。借问此何谁,云是鬼谷子。翘迹企颍阳,临河思洗耳。阊阖西南来,潜波涣鳞起。灵妃顾我笑,粲然启玉齿。蹇修时不存,要之将谁使。

翡翠戏兰苕,容色更相鲜。绿萝结高林,蒙笼盖一山。中有冥寂士,静啸抚清弦。放情凌霄外,嚼蕊挹飞泉。赤松临上游,驾鸿乘紫烟。左挹浮丘袖,右拍洪崖肩。借问蜉蝣辈,宁知龟鹤年。

李白《古风》其五、其十九

太白何苍苍,星辰上森列。去天三百里,邈尔与世绝。中有绿发翁,披云卧松雪。不笑亦不语,冥栖在岩穴。我来逢真人,长跪问宝诀。粲然启玉齿,受以炼药说。铭骨传其语,竦身已电灭。仰望不可及,苍然五情热。吾将营丹砂,永世与人别。

西上莲花山,迢迢见明星。素手把芙蓉,虚步蹑太清。霓裳曳广带,飘拂升天行。邀我登云台,高揖卫叔卿。恍恍与之去,驾鸿凌紫冥。俯视洛阳川,茫茫走胡兵。流血涂野草,豺狼尽冠缨。

李贺《神弦》

女巫浇酒云满空,玉炉炭火香冬冬。海神山鬼来座中,纸钱窸窣鸣旋风。相思木帖金舞鸾,攒蛾一啑重一弹。呼星召鬼歆杯盘,山魅食时人森寒。终南日色低平湾,神兮长在有无间。神嗔神喜师更颜,送神万骑还青山。

李商隐《重过圣女祠①》

白石岩扉碧藓滋，上清沦谪得归迟②。一春梦雨常飘瓦③，尽日灵风不满旗④。萼绿华来无定所⑤，杜兰香去未移时⑥。玉郎会此通仙籍⑦，忆向天阶问紫芝。

孟郊《列仙文·金母飞空歌》

驾我八景舆⑧，欻然入玉清。龙群拂霄上，虎旗摄朱兵。逍遥三弦际，万流无暂停。哀此去留会，劫尽天地倾。当寻

① 圣女祠：按《水经注·漾水》："故道水又西南入秦冈山，尚婆水注之。……悬崖之侧，列壁之上，有神像，若图指状妇人之容，其形上赤下白，世名之曰圣女神，至于福应愆违，方俗是祈。"圣女祠当是陈仓、大散关之间的地名。

② 上清：道家三清境之一。《道教三洞宗元》云："其三清境者，玉清、上清、太清是也。"《太真经》："三清之间，各有正位，圣登玉清，真登上清，仙登太清。"沦谪：沦落、贬谪。

③ 梦雨：即楚王梦会巫山神女之事，见宋玉《高唐赋·序》："昔者先王尝游高唐，怠而昼寝，梦见一妇人……王因幸之。去而辞曰：'妾在巫山之阳，高丘之阻。旦为朝云，暮为行雨。朝朝暮暮，阳台之下。'"飘瓦：坠落的瓦片。喻指对偶尔发生、不可预料之事，虽有怨恨，但无可奈何。典出《庄子·达生》："虽有忮心者不怨飘瓦。"成玄英疏："飘落之瓦，偶尔伤人，虽忮逆褊心之夫，终不怨恨，为瓦是无心之物。"

④ 灵风：仙界的神风，仙人常乘灵风而来，如《真诰·运象篇》："阿母延轩观，朗啸蹑灵风。"不满旗：指灵风轻微，不能将旗吹满，意指仙灵未至。

⑤ 萼绿华：传说中神女，曾降羊权，见《真诰·运象篇》："萼绿华者，自云是南山人，不知是何山也。女子，年可二十上下，青衣，颜色绝整。以升平三年十一月十日夜降羊权。自此往来，一月之中辄六过。"

⑥ 杜兰香：传说中神女，事见曹毗《神女杜兰香传》："神女姓杜字兰香，自云家昔在青草湖，风溺，大小尽没。香时年三岁，西王母接而养之于昆仑之山，于今千岁矣。"未移时：移时，指经过一段时间。此处意指神女离去未久。

⑦ 玉郎：男子的美称，又解作道教中仙官，见冯浩注引《登真隐诀》："三清九宫并有僚属，其高总称曰道君，次真人、真公、真卿，其中有御史、玉郎诸小辈，官位甚多。"

⑧ 八景舆：神仙所乘之车，见《释太上大道君洞真金玄八景玉箓》："太上大道君次乘八景之舆，驾一素灵云，摄洞微真帝。"

无中景,不死亦不生。体彼自然道,寂观合大冥。南岳挺直干,玉英曜颖精。有任靡期事,无心自虚灵。嘉会绛河内,相与乐朱英。

曹唐《大游仙诗·仙子洞中有怀刘阮①》

不将清瑟理霓裳,尘梦那知鹤梦长。洞里有天春寂寂,人间无路月茫茫。玉沙瑶草连溪碧,流水桃花满涧香。晓露风灯零落尽,此生无处访刘郎。

苏轼《留别蹇道士拱辰》

黑月在浊水②,何曾不清明。寸田满荆棘,梨枣无从生③。何时反吾真,岁月今峥嵘。屡接方外士,早知俗缘轻。庚桑托鸡鹄,未肯化南荣④。晚识此道师,似有宿世情。笑指北山云,诃我不归耕。仙人汉阴马,微服方地行⑤。咫尺不往见,

---

① 刘阮:刘晨、阮肇的合称,指刘晨、阮肇入山逢仙之事,见《幽明录》:"汉帝永平五年,剡县刘晨、阮肇共入天台山。度山出一大溪,溪边有二女子,姿质妙绝,遂留半年。怀土求归,既出,亲旧零落,邑屋改异,无复相识,讯问得七世孙。"

② 黑月:印度历法称下半月为黑月。浊水:见《庄子·山木》:"观于浊水,而迷于清渊。"

③ 寸田:指心。梨枣:交梨火枣,内丹术语,指体内精气神的凝结物,即内丹。《真诰·运象篇》:"火枣交梨之树,已生君心中也。心中犹有荆棘相杂,是以二树不见不审。"

④ 此句典出《庄子·庚桑楚》,言庚桑楚与南荣辩论,庚桑楚不能屈之,乃曰:"辞尽矣。曰奔蜂不能化藿蠋,越鸡不能伏鹄卵,鲁鸡固能矣。……今吾才小,不足以化子。子胡不南见老子!"

⑤ 汉阴马:汉代仙人阴长生、马鸣生,二人皆游于人世,不乐升天。《神仙传·马鸣生》:"马鸣生者……入山合药,服之,不乐升天,但服半剂,为地仙矣。"《神仙传·阴长生》:"阴长生者……合丹但服其半,即不升天……周行天下,与妻子相随,举门而皆不老。"

烦子通姓名。愿持空手去,独控横江鲸。

李清照《晓梦》

晓梦随疏钟,飘然蹑云霞。因缘安期生[①],邂逅萼绿华。秋风正无赖,吹尽玉井花。共看藕如船,同食枣如瓜。翩翩座上客,意妙语亦佳。嘲辞斗诡辩,活火分新茶。虽非助帝功,其乐莫可涯。人生能如此,何必归故家。起来敛衣坐,掩耳厌喧哗。心知不可见,念念犹咨嗟。

文天祥《五月二日生朝》

北风吹满楚冠尘,笑捧蟠桃梦里春。几岁已无笼鸽客[②],去年犹有送半人[③]。江山如许非吾土,宇宙奈何多此身。不灭不生在何许,静中聊且养吾真。

辛弃疾《卜算子·用庄语》词

一以我为牛,一以我为马。人与之名受不辞,善学庄

---

① 安期生:传说中仙人名,事见《列仙传·安期生》:"安期先生者,琅琊阜乡人也。卖药于东海边,时人皆言千岁翁。秦始皇东游,请见,与语三日三夜,赐金璧度数十万。出于阜乡亭,皆置去。留书以赤玉舄一双为报,曰:'后数年,求我于蓬莱山。'始皇即遣使者徐市、卢生等数百人入海,未至蓬莱山,辄逢风波而还。立祠阜乡亭海边十数处云。"

② 笼鸽客:谄奉权贵之人。《类说》卷十六:"熙宁中,巩大卿申者,善事权贵。王丞相生日,即饭僧,具疏笼鹊鸽以献丞相。方家宴,即于客次开笼,揖笏手取鸽,跪而放之。每放一鸟,且祝曰:愿相公一百二十岁。"

③ 送半人:侍女。半即半臂,短袖或无袖上衣。《类语》卷十七:"(宋)祁多内宠,尝宴曲江,偶微寒,命取半臂,诸婢各送一枚,凡十余枚。子京恐有厚薄之嫌,竟不敢服,忍冷而归。"

周者。

　　江海任虚舟①,风雨从飘瓦②。醉者乘车坠不伤③,全得于天也。

---

　　①　虚舟:无人驾御的船只。本自《庄子·山木》:"方舟而济于河,有虚船来触舟,虽有惼心之人不怒。"

　　②　风雨:指身处恶劣的环境,自身受到侵害,如《诗经·郑风·风雨》:"风雨如晦,鸡鸣不已。"飘瓦:坠落的瓦。本自《庄子·达生》:"复雠者不折镆、干,虽有忮心者不怨飘瓦,是以天下平均。"另可参李商隐《重过圣女祠》"飘瓦"注。

　　③　坠不伤:本自《庄子·达生》:"夫醉者之坠车,虽疾不死。骨节与人同,而犯害与人异,其神全也,乘亦不知也,坠亦不知也,死生惊惧不入乎其胸中,是故逆物而不慑。"

道教与社会一般宗教生活

宗教是社会的宗教,世界上不存在可以脱离社会属性的纯粹的宗教。中国历史上的和现实存在的宗教,都是中国特有的血缘伦理社会规范下的产物。因此,仅从内部去审视一种宗教是不完整的,我们还必须把宗教放到社会中并从外部去加以考察,方能获得其整体的意义。

就道教而言,我们更应当着重从社会一般宗教生活的角度来加以认识。中国古代的精英大传统和民俗小传统固然分立明显,但也存在着融合沟通,并且共同构成了社会一般性信仰原则。正如学者们指出的:中国的民族信仰,表现在儒家思想或义理化的佛、道教中时,是"天人合一""返朴归真""破除迷执"等形而上观念;表现在民众日常生活中时,则是神灵祭祀、祖先崇拜、选择禁忌、占卜、风水、符箓咒禁、厌胜、关亡、度幽破狱法术仪式等等社会一般宗教生活行为。也就是说,中国社会的普通民众并非是绝对的"无信仰者",他们不是通过加入任何制度化的宗教和固定参与某种仪式,而是通过上述日常宗教生活展现他们的基本信念。[①] 在上一章我们就提到过,道教存在着两条彼此互动的发展道路,一条是义理化之路,一条是普化之路。这一结论实际上也意味着两种不同认识角度:前者是主要从道教内部着眼,后者则是从道教外部的社会表现去认识。同时,前者可以说是就精英"大传统"予论,后者则可以归结为针对社会一般宗教生活的具体表现而言。在探讨道教社会本质的问题上,后者更加重要。

① 李亦园:《宗教与神话论集》,台湾立绪文化事业有限公司,1998 年,第 170 页。

道教的普化

所谓道教的"普化",是指道教在中国文化内核的作用下,融入中国古代社会的宗教生活并发挥宗教社会功能的过程。道教的普化是与道教的整体历史相始终的,宋以后伴随着"丛生"和"包容"的发展一步步地趋于显著,明清以还,终于和普化的佛教以及民间信仰共同构成了中国社会的宗教生活内容。

道教"普化"有这样几个基本表征:

社会一般观念所接受和推崇的道教核心,已经不是道教义理化所表现出来的个人解脱式长生信仰,而是渐渐成为救世度人式的神灵崇拜,与民间信仰的本质趋于一致。尽管很多士人一直进行着长生实践,绝大部分民众偏重于符箓咒禁,但社会普遍信奉的道教神灵,总是以救苦救难、除妖灭害的功能而存在的。普化的道教、佛教和民间信仰一起共同构建了不断丰富的人格化的俗神,既取代了义理化道教中虚无飘缈的自然宇宙之"道",也覆盖了远离生活、脱离群众的历代神仙,成为社会一般宗教生活中真正的神灵。

道教在普化中不断包容收纳一切原生信仰和新生民间宗教。道教的丛生、包容已见于前几章所述,但所讨论的主要仍偏重于有一定组织性的创生宗教。除此之外,道教还总是在把相对丛散的、区域化多样化的民间祠祀归纳在自己的名义之下,或者从另一角度说,是民众为方便计而喜欢把除佛祖以外的所有神祇都归结到道教的包容体中。这种归属行为非常地顺理成章,因为在一般观念中,儒、道、释形式上的三分已经成为基本常识,既不是菩萨罗汉、列祖先圣,自然就一定是道教之神。中下层文士往往又会不断强化这种认识从而使之成为民众的行动指南。由此可以看到,虽然在任何一个地区的数量繁多的庙宇中,明确可以归属为佛、道教的都是少数,大部分都是民间信仰的各种奉祀之所,但佛教寺庵总是相对固定的,而道教的庙堂却处在变化之中,特别是一些民间俗神的奉祠转由道士主持,或者原本奉祀俗神的场所渐被视为道观。前一个方面典型的例子是土地神庙和城隍庙,它们原本是国家承认的民间信仰和地方祠祀,常由地方官或村民委托庙祝管理日常奉祭,可是在很多地方却逐渐转由道士主持,并逐渐将其添加到道教体系中。后一个方面和道教吸纳民间神灵有关,比如原本是地方信仰的张恶子信仰被道教吸收成为"梓潼帝君"后,其祭祀之地也就被政府和民众很自然地视为道教之所。

中国古代社会影响最大的关帝信仰,在根本上是来自于儒家道德伦理的主导和国家祭祀的承认、推重,本质上应该是一位"儒教神"①。然而道教却同样在努力地把他纳入自身体系,元明时关公已是雷部元帅之一,成为"雷部斩邪使,兴风拨云上将,馘魔大将,护国都统军,平章政事,崇宁真君元帅"。②明万历年间,正是因道士之请,关公才进爵为帝,庙曰"忠烈"。关公所以成为统摄三教、天下遍祀的国家、民族、大小传统社会的共同信仰,是包括道教、佛教在内的社会普化宗教的普遍价值观所决定的。

最重要的是,道教的普化也是其融合佛、儒"三教合一"的过程,其本质上是始终趋向于和世俗伦理道德相融合,建立起符合社会一般价值理念同时又能维护和加固这一共同价值观的独特的宗教道德信条,从而发挥出其影响社会、作用社会的宗教功能。

普化道教在社会一般宗教生活中发挥作用,具有十分明显的"功能性",亦即总是为了某种功能性的需要而提供宗教服务,通过仪式性行为传达信仰理念、吸引民众关注,同时也强化和加固家庭、宗族、村落及社会的共同价值观。所有普化的宗教都有这样的特点,但出于其仪式性极强的个体属性,道教在此方面最为显著。

前面已经提到过,道教不仅祭祀仪式发达,其"施法仪式"更加繁多,几乎包括生活的一切方面,如顺利生产、治病、避邪、驱鬼、度亡。除了在寺观举行大规模的祈禳仪式——斋醮以外,道士经常外出到家庭、村庄和社区的节庆场合"做道场",施作各种法事。其中最多的就是做亡事,包括初丧、追七、周忌、安葬、除灵、禫服、荐祖、冥庆、冥配等,以及"度亡破幽"之醮。亲人死亡后的灵魂归宿是民间百姓最为关切的

---

① [日]窪德忠:《道教诸神》,萧坤华译,四川人民出版社,1989年,第171页。
② 胡小伟:《关公信仰与大众文化》,[日]酒井忠夫等:《民间信仰与社会生活》,上海人民出版社,2011年,第181页。

问题,也是其信仰的一个主要内容,因此"度亡破幽"是中国社会最为普遍的宗教仪式。道教在此方面吸纳佛教的元素,发展出一系列相关醮事,而且在仪式形式上更加繁冗复杂,如超度缢死者之"金刀断索"、溺毙者之"起伏尸"、死于异乡者之"追魂"、亡于分娩之"游血湖",还有宣扬幽冥世界的法事,如"解冤结"、五七返魂"望乡台"、临终"开路"、浮厝前"招魂"、柩前"斩煞"、出殡"引丧",等等。至于请道士画符念咒、召将驱邪、镇宅治病,那就更为常见了。冯梦龙在小说《金令史美婢酬秀童》中写一位叫金满的县府库吏,无端怀疑家僮偷窃钱财,也请道士召将裁断:

　　……

　　少停莫道人到了,排设坛场,却将邻家一个小学生附体。莫道人做张做智,步罡踏斗,念咒书符。小学生就舞将起来,像一个捧剑之势,口称"邓将军下坛"。其声颇洪,不似小学生口气。金满见真将下降,叩首不迭,志心通陈,求判偷银之贼。天将摇首道:"不可说,不可说。"金满再三叩求,愿乞大将指示真盗姓名。莫道人又将灵牌施设,喝道:"鬼神无私,明彰报应。有叩即答,急急如令!"金满叩之不已。天将道:"屏退闲人,吾当告汝。"……天将教金满舒出手来,金满跪而舒其左手。天将伸指头蘸酒,在金满手心内写出"秀童"二字,喝道:"记着!"金满大惊,正合他心中所疑。犹恐未的,叩头嘿嘿祝告道:"金满抚养秀童已十余年,从无偷窃之行。若此银果然是他所盗,便当严刑究讯。此非轻易之事。神明在上,乞再加详察,莫随人心,莫随人意。"天将又蘸着酒在桌上写出"秀童"二字。又向空中指画,详其字势,亦此二字。金满以为实然,更无疑矣。当下莫道人书了

退符，小学生望后便倒。扶起，良久方醒，问之一无所
知。(《警世通言》卷十九)

类似扶乩请灵之事，接近于师巫之术，虽有识之士常予
批判，但在民间仍十分流行。从中可以看出，道教的普化，使
其法术施用已从飞升上仙的崇高目的，下降到社会生活的方
方面面，以满足极其具体的功能性需求。而道士，包括卜人
师巫在内的宗教职业者，也已经成为一个社会阶层，开坛施
法成为其职业存在的基础和谋生的手段。

岁时荐享:道教与民间祭祀

　　社会一般宗教生活的核心内容就是对神灵的祭祀。道教以其巨大的包容性和发达的仪式性,极大地影响了中国民间的祭祀,并且最终普化于民间祭祀之中。

　　中国古代民间祭祀的对象,绝大部分是源自道教或受道教影响所形成的俗神。在家庭奉祀中,祖先以外,常设的有灶神、财神或佛祖。除了常设神牌外,人们还会根据不同的需要,比如造屋、上梁、嫁娶、生产、上学、出行、开张、买地等等,在不同的时间到不同的宗教场所请回不同的神像或灵符,摆香上供,早晚祈祷。社区性的祭祀中,农业村庄的祭祀一般是以地区性的保护神和地方传统神灵为主;城镇稍有区别,主要是增加了一些普遍性的祭祀如佛道之神、文武圣、土地、城隍等。这些祈祷对象,一般都是人们所普遍信奉的保护神。有学者做过统计:分布在中国五个地区八个不同地方的 1786 座寺庙中,名义上专属于佛道教的只有 548 所,其他都是民间神明祠祀。[①] 另一个统计是关于清代华北泽州(今山西晋城)五个县的每县数量排名前十位的庙宇[②]:

　　　　高平县:关帝庙、玉皇庙、观音庙、三教堂、二仙庙、成汤庙、龙王庙、炎帝庙、祖师庙、老君庙。

　　　　沁水县:大庙、关帝庙、成汤庙、玉皇庙、观音庙、龙

---

　　① 　[美]杨庆堃:《中国社会中的宗教:宗教的现代社会功能与其历史因素之研究》,范丽珠等译,上海人民出版社,2007 年,第 26—27 页。

　　② 　姚春敏:《清代华北乡村庙宇与社会组织》,人民出版社,2013 年,第 39 页。

王庙、舜帝庙、佛堂、三教堂、祖师庙与黑虎庙、牛王庙并列。

阳城县:汤帝庙、佛堂、大庙、关帝庙、龙王庙、三教堂、玉皇庙、山神庙、观音庙、祖师庙。

陵川县:玉皇庙、佛堂、三教堂、关帝庙、观音庙、二仙庙、奶奶庙、祖师庙、三官庙、全神庙。

凤台县:观音庙、三教堂、关帝庙、玉皇庙、祖师庙、佛堂、玄帝庙、龙王庙、三官庙、汤帝庙。

大多数都是民间神灵祭祀。下一节内容会进一步证明,这些民间神明基本上都是道教与民间信仰共同的创造。

民间的神明祭祀常常是根据一种积累而成的时间表依次进行的,这个"时间表"就是民间俗神的"生日"。道教方面较有意识地系统构建"诸神圣诞"体系以便修行和宜忌祭祀安排,很多都已经被民间祭祀所沿用:

民间神佛诞生日一览表

(吉冈义丰《中国民间宗教概说》附录一)

正月

一 日:弥勒佛、元始天尊 (备考:天腊之辰)

二 日:财神

三 日:孙真人、郝真人

六 日:定光佛、清水祖师

八 日:五殿阎魔王、江东神 (备考:顺星日)

九 日:玉皇大帝

十三日:关圣帝君

十五日:门神户尉、佑圣真君、正乙靖广真君、混元皇帝、西子帝君(上元天君得道)

十九日:丘长春真人(八～十五日一周间持斋者,功德为平日之千万倍。)

廿九日:(龟神会)

二月

一　日：一殿秦广王、勾陈（太阳升殿之辰）

二　日：土地神（福德正神）、济公菩萨

三　日：文昌帝君

六　日：东华帝君

八　日：三殿宋帝王、张大帝、昌福真君（释迦文佛出家日）

十五日：花神、太上老君、精忠岳元帅、开漳圣王

十八日：四殿五官王

十九日：观世音菩萨

廿一日：普贤菩萨、水母

廿五日：天元圣父明真帝、三山国王

三月

一　日：二殿初江王（楚江王）

三　日：王母娘娘、北极真武玄天上帝

四　日：奶母娘娘

六　日：眼光娘娘、张老相公

八　日：六殿卞城王

十二日：中央五道王

十五日：昊天大帝、赵元坛、雷霆驱魔大将军、祖天师、保生大帝

十六日：准提菩萨、江神、山神、中岳大帝（三茅真君得道）

十八日：后土娘娘、中岳大帝

十九日：太阳星君

二十日：子孙娘娘

廿三日：天妃娘娘（天后、天上圣母）

廿六日：鬼谷先生

廿七日：七殿秦山王

廿八日：东岳大帝、仓颉至圣先师

四月

一　日：八殿都市王

四　日：文殊菩萨

五　日：送生娘娘

八　日：释迦佛、九殿平等王、三天尹真人、葛孝先真人

九　日：九殿平等王

十　日：何仙姑

十三日：河神

十四日：吕纯阳祖师

十五日：钟离祖师（释迦如来成佛，此日念真言一句，功德为平日千万倍。）

十七日：十殿转轮王

十八日：紫微大帝、泰山娘娘（顶上娘娘）、华佗神医

二十日：眼光娘娘

廿六日：蒋山纯公、五谷先帝

廿八日：药王、催生娘娘

五月

一　日：南极长生大帝

五　日：雷霆邓天君、地祇温元帅（地腊之辰）

七　日：朱太尉、巧圣先师

八　日：南方五道将军

十一日：都城隍

十二日：炳灵公

十三日：关平太子（关圣帝君降神、天地立一及造化万物之辰）

十七日：万府王爷

十八日：张天师

夏至日：灵宝天尊

六月

三　日：韦驮尊佛

六　日：瞿府君、四将军

十　日：刘海蟾帝君

十一日：田都元帅

十三日：井泉龙王、王灵官

十五日：王灵天君

十九日：扁鹊高真人（观世音菩萨成道）

二十日：斗母元君

廿三日：火神、王灵官、马神

廿四日：九天雷声普化天君、关圣帝君、雷神、西秦王爷

廿六日：协天大帝、二郎真君、妙道真君

廿九日：天枢左相真君即宋文天祥丞相

七月

一　日：太上老君

七　日：魁星、七星娘娘（道德腊）

十　日：李铁拐祖师

十二日：慈祐菩萨

十三日：大势至菩萨

十五日：灵济真君（中元地官、地藏菩萨得道）

十六日：木郎神

十八日：王母娘娘

十九日：值年太岁

廿一日：晋庵祖师、上元道化真君

廿二日：增福财神

廿三日：天枢上相真君即汉诸葛丞相

廿四日：龙树王菩萨

廿七日：玉清黄老

廿九日：地藏王菩萨

三十日：地藏王菩萨

八月

一　日：神功妙济真君即许真君

二　日：斑疹娘娘

三　日：灶君、姜相子牙（北斗下降之辰）

五　　日：雷声大帝

十　　日：北岳大帝

十二日：西方五道、西方五帝

十五日：曹国舅祖师、太阴娘娘（太阴朝元之旅）

十八日：酒仙

廿二日：燃灯佛、广泽尊王

廿三日：伏魔副将张显王即汉侯翼德

廿五日：太阳星君

廿七日：至圣先师孔子（北斗下降之辰）

九月

一　　日：（南斗下降之辰）

三　　日：五瘟

九　　日：斗母元君、张三丰祖师、重阳帝君、酆都大帝、梅葛二仙尊、蒿里、
　　　　　中坛元帅、大魁夫子（天上圣母飞升）

十三日：华祖、元化祖师

十五日：朱圣夫子（此日布施一文，功德为平日之千万倍。）

十六日：机神

十七日：广源（增福）财神、金龙四大王、洪恩真君

十八日：高鹊真人、马元帅、仓颉先师

十九日：自在菩萨观音（观音出家）

廿二日：太乙真人

廿三日：萨真人

廿六日：痘疹娘娘

廿八日：五显灵官、马元帅

廿九日：药师佛

三十日：药师佛

十月

一　　日：东皇大帝、下元定志周真君（民岁腊之辰）

三　　日：三茅应化真君

五　日：达磨祖师、风神

六　日：五岳五帝、天曹诸司

八　日：（涅槃　此日放生，功德为平日之千万倍。此日行一恶事，罪业为平日之千万倍。）

十　日：慈民菩萨、张果老

十二日：齐天大圣

十五日：痘神刘使者（下元水官得道）

十八日：地母至尊

十九日：（丘长春真人飞升）

二十日：第三十代天师张虚靖

廿二日：灵安尊王

廿六日：五岳大帝

廿七日：北极紫微大帝

三十日：周仓将军

十一月

四　日：大成至圣文宣王孔子、安南尊王

六　日：南岳大帝

七　日：八蜡神

九　日：韩湘子祖师

十一日：太乙救苦仙尊

十四日：水仙

十七日：阿弥陀佛

十九日：日光天子、大慈至圣九莲菩萨

二十日：雨神

廿三日：张仙

廿六日：北方五道

廿九日：日光天子

冬至日：元始天尊

十二月

一　日：(此日读经一卷,功德为平日之千万倍。)

八　日：张英济王张巡(王侯腊之辰、释迦成佛)

十一日：湖神

十二日：北极罡星君

十六日：南岳大帝

二十日：鲁班先师

廿一日：天猷上帝

廿二日：重阳王祖师

廿三日：(马丹阳真君成道、司命灶君上天向玉帝禀奏人之善恶,二十三日夜天下人民焚香祀送、上帝巡天之辰,如在子时接驾烧香则有功德。)

廿四日：

廿五日：

廿九日：华严菩萨、清净孙真君

三十日：(太古郝真君成道,此日诸佛诸神降临下界,视察善恶,须持斋焚修。)

　　不同的地区存在着不同的奉祀之神,因此这种时间表当然也就不完全一致。但可以确定的是,来自于道教或受到道教影响的"诸圣"确实占据主要部分。

　　原始祭典总是在某个特定时间内举行,比如危机发生的时刻和播种、丰收以及时令交替之时。中国古代以农业为基础,往往依据岁时举行祭祀活动,"古者岁四祭,因四时所生,熟而祭先祖父母也。春曰祠,祠者以正月始食韭也;夏曰礿,礿者以四月煮廉饼也;秋曰尝,尝者以七月尝黍稷也;冬曰烝,烝者以十月进初稻也"(《春秋繁露》)。宗教祭祀既在娱神,又在娱己,因此举行祭典之时也就成为节庆之日,后世民间祭典亦多成节庆活动。中国古代的宗教节庆中,最为盛大的是源于佛教的四月八日释迦牟尼生日浴佛节、七月十五日盂兰盆会。但实际上道教也参与了其中,比如七月十五中元节的建设,同样于此日举行活动,使中国古代最盛大的宗教节庆"中元节"成为三教融合的产物。

当一个较大区域所共同认可的重大祭祀举行之时,人们趋往此一公共中心参加宗教活动,又往往形成集祭神、娱乐、贸易为一体的"庙会"。比如明清时河南淮阳县之太昊陵朝祖进香,会期自二月初二至三月初二整整一个月时间,"各地民人成群结队前来进香,投宿临时帐店。……焚香之后,展开购物及看戏观赏百戏杂耍游艺,各类戏台四五处,俱是露天野台,由墟市付钱包办,任由民人观赏。百戏杂耍,说唱平书,铁板道情,皆系艺人借此良机讨生活,必须游客自行赏钱。此外又有搭帐开赌,骰子、棋式、天九牌、升官图无所不有。此是娱乐消遣玩艺。更有玩具市场,仿制车、马、刀、枪、泥偶、面偶、吹打乐具。俾便携带回家,分赠儿孙"①。就华北地区而言,与道教密切相关的大型庙会在明时有"燕九节",以祭祀丘祖(丘处机)发展而来;在清后期至近代则有以奉祀碧霞元君为主的妙峰山春季庙会。

妙峰山庙会非常典型地说明了中国社会一般宗教生活的内涵。妙峰山位于北京宛平县,本由道士于明代初创建"娘娘庙",清康熙时改由僧人住持。"碧霞元君"的原型出自泰山女神信仰,道教很早就参与了构造,称其为东岳大帝之女。但碧霞元君内涵的增加和意义的变迁,也和明代秘密宗教所宣扬的"无生老母"不无关联。作为北方仅有的女神,其保佑功能无所不及,所以成为这一地区奉祀最盛的俗神,由此,妙峰山也就自然成为民间信仰的圣地。凡是集合了多种功能的俗神和民间社会宗教公共中心,一定具有中国社会一

---

① 王尔敏:《明清社会文化生态》,广西师范大学出版社,2009年,第90—92页。

般宗教生活诸教混合的特点,所以碧霞元君祠为佛、道所公认,而且其祠内兼供三教(僧、道、官)且附祀诸如月老、药王、观音、地藏等等[①],而妙峰山庙会也成为一种混合的祭祀。我们之所以说道教深刻地影响了民间祭祀的内容,是因为道教的普化正是造成像妙峰山庙会这样的"诸教混合"现象的主导力量。

---

① 吴效群:《妙峰山——北京民间社会的历史变迁》,人民出版社,2006 年,第42—49 页。

出人入神：道教与俗神的建构

俗神，就是社会大众共同尊奉的神灵，也是其祭祀的对象。中国古代的俗神归根结蒂来自于民间信仰和民间宗教的创造，但其中很多也来自于义理化宗教或受到它们的影响。来源于道教或受到道教影响的俗神，数量最多。这是因为，作为包容体的道教，既然容纳了不同的新创丛生因素，也就融汇了各种各样的民间神灵，并且必然赋予了他们新的意义。当道教成为普化的宗教并不断发挥其社会功能时，这些神灵带着新的内容，重新又回到民间，接受民众的选择和再创造。选择和再创造的结果，就是被人们所普遍信奉的神灵——俗神。

在较大范围内受到尊奉并且始终较为活跃的俗神，按照不同的层面大致有：

- [ ] 玉皇大帝、三官大帝、太一、四大天王
- [ ] 地官大帝、土地神（土地公、土地母、城隍及各种地方保护神）
- [ ] 太岁、文昌星君、北极星君、南极老人、太白金星
- [ ] 雷公、雷母、雨师、电母、风伯
- [ ] 龙王、四海龙王、河神、湖神
- [ ] 东岳大帝、南岳大帝、泰山府君、各种山神
- [ ] 开路神、五道神（五通神）
- [ ] 蛇仙、狐神、黄仙、灰仙
- [ ] 花神、桃花仙姑、果神

☐ 福神寿喜神、财神、关帝、文昌帝君—梓潼帝君、真
武大帝、药王

☐ 瘟神、各种病神、丧门、死鬼—孤魂

☐ 司命神、冥府十王—阎罗王、酆都大帝、判官

☐ 家宅六神、灶神、门神、火神

☐ 张天师、吕洞宾（吕祖）、丘处机（丘祖）

☐ 各种祖师神—行业神

这里不妨选择其中几个典型的俗神，从中考察道教在其构造过程中的具体作用：

玉皇大帝　玉皇大帝的原始渊源有二，一是原始宗教信仰的天帝崇拜，二是周秦汉以来的至上神崇拜。直接来源是东晋南北朝道教整合时期出现的最高神"元始天尊"的一系列辅神：在陶弘景编纂的《真灵位业图》中，最高的第一层面中位"元始天尊"左右，各有数位以"高上虚皇道君""高上元皇道君"及"玉玄太皇君""上皇道君""玉皇道君""清玄道君""上皇天帝""玉天太一君""玄皇高真""太一玉君""高上玉帝"为名号的神祇；第二层面中位是"上清高圣太上玉晨玄皇大道君"，"为万道之主"。唐代，"玉皇""玉帝"开始成为道教仙界主宰者的泛称；道经中出现了《高上玉皇本行集经》，模仿佛教演说玉皇修道证仙的故事。宋真宗因梦见神人传"玉皇"之命，于大中祥符七年九月上玉皇圣号曰"太上开天执符御历含真体道玉皇大天帝"。宋徽宗继之，于政和六年九月上尊号曰"太上开天执符御历含真体道昊天玉皇上帝"。北宋时道教类书《云笈七签》把玉皇解释为"天尊"的三代之一：过去是"元始天尊"，现在是"太上玉皇天尊"，未来是"金阙玉晨天尊"，试图做某种统合。南宋时道教内部则尊其为"玉真天帝玄穹至圣玉皇大帝"，编列在"元始天尊""灵宝天尊""道

德天尊"之下，"自玄气而化生，居大罗之下，上清之上，掌四种民梵天，而尊于三界之上，是为天主，亦不得已而强名之也。治太微玉清宫"（《上清灵宝大法》卷十）。元赵道一在进《历世真仙体道通鉴》表中称为"昊天金阙至尊玉皇上帝"，后世道教基本上沿袭了这一称号。总体来看，无论道教内部做何种整合，"玉皇大帝（玉皇上帝）"虽然也是"玄穹主宰"之一，仍然不是最高神。然而在民间信仰中情况则有不同，在宋以后各地都有的玉皇奉祀中，玉皇大帝不仅是道教最高神，也是主宰天地的至高无上之神。明代杰出的通俗小说《西游记》进一步构造出玉皇大帝统摄佛、道，兼领仙、鬼、人间帝王及黎民百姓的崇高地位，使玉皇大帝成为人们心目中的天上皇帝。

酆都大帝 酆都大帝是和"泰山神（泰山府君、东岳大帝）"以及主要来自于佛教的"冥间十王—阎罗王"齐名的阴间主宰之神，最早可能出现在西晋时期。东晋南方上清新道教对此有所发挥，梁陶弘景所整理的《真诰》《真灵位业图》称北方癸地有罗酆山，山上山下并有鬼神宫室；"酆都北阴大帝"治罗酆山，为天下鬼神之宗。上清道教树立的此一鬼府主宰，起初并没有传统的泰山神那样流行。大约从宋代开始，出现了将四川酆都县平都山指为罗酆山的说法，自此酆都在宋元道经中即被目为鬼府所在，酆都大帝由此知名。宋以后酆都成为"鬼城"，其后的构建中又吸收了"冥间十王—阎罗王"的说法，使之成为民间信仰中最为具体的阴曹地府，历代奉祀不绝。

真武大帝 真武大帝的主要原型是古代四神之一的北方"玄武"，早期道教即已吸纳，但地位不高。宋真宗时为避圣祖赵玄朗讳，改四神之一的玄武为"真武"。其时道教兴盛，有道士建真武观，称为北方之神，绘其图像"被发黑衣，仗

剑蹈龟蛇,从者执黑旗"(《云麓漫钞》卷九)。宋真宗天禧六
年诏加号曰"真武灵应真君",宋钦宗靖康元年又诏加号"佑
圣助顺真武灵应真君"。元大德七年十二月,加封为"元圣仁
威玄天上帝"。真武大帝影响的真正扩大来自于明成祖朱
棣,其率兵靖难期间屡加奉祀,入居大宝后即加尊奉,建庙祭
祀,使其信仰遍布全国。真武大帝因被赋予"神威显赫、祛邪
卫正、善除水火之患"的神性,故而成为明代以来具有极大影
响的俗神之一。

　　三官神(三官大帝)　"三官"即天、地、水,来自于原始时
期的自然崇拜,三张五斗道时就奉天、地、水三官为主宰之神
加以祭祀,此后道教也一直将其置于较为重要的地位。宋时
尊为"三官大帝",又将其和"三元日"结合,称"三元日:上元
天官,中元地官,下元水官,各主录人善恶"(《宋史·方伎
传》)。同时,大约是因为其比较简明易晓的缘故,"三官"信
仰在民间始终非常流行。明代仙传《重增搜神记》《三教源流
搜神大全》结合民间传说,把"三官"又加以拟人化,称其为一
位叫陈子祷的人和龙王三女所生之子,并赋予更多的功能。
至今南方农村田间地头,仍有树像或立木主祭祀者。

　　文昌神(文昌帝君)　**梓潼帝君**　二神来源本非一事。
"文昌"来源于上古国家祭祀及星占体系中北斗星座中六星
组成的"文昌宫"。文昌六星各有所司,其中"贵相"主文绪,
"司命"主老幼,"司中"主灾咎,地位较为重要,在民间信仰中
也有很大影响。主掌死生的"司命"独立被道教借用,成为其
仙真谱系中的重要神灵。文昌作为星神引入到道教中,最初
是以主掌仙籍为主,并无其他显著职能。"梓潼帝君"则是源
自于三国西晋时四川梓潼县一带的一个地方神信仰,传说此
神名张恶子,乃蛇精所化;又有记载谓其仕晋战死,乡人立庙
以祀。张恶子信仰至唐代因入蜀二帝玄宗、僖宗分别予以敕

封而影响渐大;至宋代,梓潼张恶子神和灌口二郎神成为四川地区影响最大的两个俗神。同时,由于张恶子庙位于由长安入蜀必经之道,过往士人纷纷往祀,"士大夫过之,得风雨送,必至宰相;进士过之,得风雨,必至殿魁"(《铁围山丛谈》卷四),渐渐成为专司功名仕进之神。元明间道士先后编撰出《元始天尊说梓潼帝君本愿经》、《元始天尊说梓潼帝君应验经》(或是前者的节录)、《清河内传》、《梓潼帝君化书》等经,将其引入道教,称其灵应无所不至。宋元之间屡受敕封,元仁宗延祐三年封为"辅元开化文昌司禄宏仁帝君",明代亦以"文昌"名其宫观,并于学宫皆立文昌祠,文昌祠则祀梓潼帝君。由此"梓潼帝君"与"文昌星神"合二为一,或称文昌帝君,或称梓潼帝君,成为社会一般信仰中文章、科举的守护神。有意思的是,旧时文昌庙中的文昌帝君塑像,大多有名为"天聋"、"地哑"二童子像陪侍左右,这是因为"真君为文章之司命,贵贱所系,故用聋、哑于侧,使其知者不能言,言者不能知,天机弗泄也"(《历代神仙通鉴》卷一)。深刻地反映出中国古代社会渴望通过读书应举以求公平实现阶层转化的普遍心态。

旧时常见的"敬惜字纸"之诫,以儒家口吻,托于文昌帝君。如《劝敬字纸文》(载《清河内传》):

> 士之隶吾籍者,皆自敬重字纸中来。如宋朝王沂公,其父见字纸遗坠,必掇拾以香汤洗烧之,一夕梦宣圣拊其背曰:"汝何敬重吾字纸之勤也!恨汝老矣,无可成就,他日当令曾参来汝家受生,显大门户。"未几,果生一男,遂命名曾,及状元第。此事虽远,可以为证。予窃怪今世之人,名为知书,而不能惜书,视释老之文,非特万钧之重,其于吾六经之字,有如鸿毛之轻,或以字纸而泥

糊,或以背屏,或以裹褙,或以泥窗,践踏脚底,或以拭秽。如此之类,不啻盖覆瓿矣!何释老之重而吾道之轻耶?!是岂知三教本一,而欲强兹分别耳。况吾自有善、恶二司,按察施行,以警不敬字纸之类,如平生苦学鹦窗,一旦场屋,或以失韵误字,例为有司之黜,终不能一挂名虎榜者,皆神夺其鉴,以示平日不敬字纸之果报也。诸生甘受此报,恬然不知觉,甚至于子孙之不识字,举家因之而害者。远则不足以为戒,姑以近者言之,且泸州杨百行坐经文,而举家害癫;昌郡鲜于坤残《孟子》,而全家灭亡。果报昭昭在人耳目。杨全善亦百行之兄,埋字纸而五世登科,李子才葬字纸而一身显官,既能顾惜阴报,岂无可不敬畏哉。

王灵官　王灵官的形成时间比较晚,虽然明代仙传称他是北宋道士萨守坚的弟子,又曾从林灵素学道,但其真正具有神灵地位是在明永乐间。其时有一杭州道士周思得自称得灵官附体,祷之有应,由此朝廷为之建庙,并封为隆恩真君。与此同时,道教也予以吸收,将他和萨真人一起纳入"元帅神"系统。明代一系列小说如《西游记》《萨真人咒枣记》《封神演义》在不同方面又加以进一步的塑造。到了清代,王灵官已成为道教重要的守护之神,道观内多塑其像以守山门,朱颜三目、面目凶恶、披甲执鞭、威风凛凛。民间也奉其为纠察保护之神,常常出现在年画、镇宅符和其他神画之中。有的地方则视王灵官为雷部元帅之神,予以专门奉祀。

八仙　八仙是一个神仙组合。钟离权、铁拐李、张果老、曹国舅、吕洞宾、韩湘子、兰采和、何仙姑八位仙人,可能是中国民间最为熟悉和喜爱的仙人形象。八仙传说由来甚久,其中有一些如钟离权、张果老、吕洞宾、韩湘子等存在历史人物原型,钟离权、吕洞宾具有很深的道教渊源,但成为"八仙"根本上还是民间传说及通俗文学创造的结果。"八仙"的具体组成也经历了变迁,至元代大致稳定,经明代小说《八仙出处东游记》的敷演而基本定型。

八仙中的吕洞宾大约是唐代的一位入道士人,很早就被道士神化为修行得道的仙真,口耳相传,入宋以后在社会上开始具有很大影响。王喆初创全真道时即自称其一脉之传,故后世全真道奉吕洞宾为"纯阳祖师",元、明时屡得皇帝敕封。同时,民间关于吕洞宾的传说和通俗文艺的加工一直方兴未艾,使之成为八仙中名声最著、故事最多、形象最为生动的一位。

"俗神"的意义 "俗神"具有鲜明的"人民性"。俗神是人民群众的信仰,反映了他们的理想和追求,以及他们对善恶来源、痛苦根由的认识和解决之道。所以俗神无论来自何处,最后的结果都是拟人化的,体现出"神"归根结蒂是"人"对人之为人的崇拜这一宗教本质。真正的俗神不仅是救苦救难的英雄,而且是人民的自我期许,因而一定会受到人们的普遍欢迎。八仙故事之所以家喻户晓并为人们所喜闻乐道,关键即在于其形象原即来自民间的创造,是最接近"人"的"神"。人们从自身的生活实际出发,结合自身的感情意愿,按照自身的理想愿望才能塑造出像吕洞宾这样的神仙。所以八仙无不具有普通百姓的情感,也不乏凡人的脾性,甚至还带有很多缺点;他们以游戏人间的态度,行救难解灾、除害灭妖之事,又充满了积极乐观的精神。一言以蔽之,人们喜爱八仙,也就是喜爱自己。当然,俗神也反映出人民的局限性,比如玉皇大帝所以成为民间信仰中的最高统领,显然是社会现实投射到人们神灵信仰中的缘故。人民还不能意识到这样一个道理:"皇帝"——无论是人间的还是天上的——都不是合理的存在。

"俗神"既以源于道教或受其影响者居多,因此也和作为包容体的道教一样,体现出多神性、区域性、功能差异性的特征。俗神的多样性已不待言,在地域性上,尽管存在着共同的祭祀之神,不同地区的俗神始终存在很大的差异,因此地区性的神灵是中国民间信仰的主要内容。近世以来,北方及中原地区俗神系统交叉甚多,南方及其他边缘地区则相对独特,像福建地区来自于道教的民间俗神"二徐真人""武夷君""何九仙""控鹤仙人""十三仙""梅仙""三仙公"等等,基本都是地方创造。① 俗神的多样性和地域性,反映了古代中国区域广大、次文化多元的社会特色。

中国古代俗神中的一个重要部分是所谓的"祖师神—行业神",它所反映的社会内涵尤其丰富。古代中国政治组织极为成熟,社会团体则十分脆弱,但是社会毕竟需要在血缘伦理关系以外引入其他关系比如契约伦理以实现进步,因而社会团体又不得不勉力维持。在这种情况下,手工业者、商人和其他职业者就多求助于宗教的力量,由此造成了中国古代的"祖师神—行业神"特别发达,每行每业特别是那些处于社会最底层、受压迫最深的下等阶层,都刻意选择出自己的保护神,奉祀如仪,祈祷灵应。

与道教相关的行业神或祖师神

(据吉冈义丰《中国民间宗教概说》等整理)

职　　业	行业神、祖师神或庇护神
石灰窑、扇子商、梳子商	和合二仙
油漆匠	吴道真人

---

① 林国平、彭文宇:《福建民间信仰》,福建人民出版社,1993 年。

职　业	行业神、祖师神或庇护神
铁匠、皮匠、磨刀匠、蹄铁匠、碗筷匠、炉房	老子
秤工、锡匠（铜匠）、烬匠	胡鼎真人（胡祖）
针匠	刘海上仙
染匠	梅葛仙翁
刺绣	妃禄仙女
豆腐房、成衣店、绸缎庄、估衣铺、皮店、煤铺、脚行、猪肉铺、裱糊匠	关羽
刻字、印刷、书店、文具店、说书人	梓潼帝君、文昌帝君
墨匠	吕洞宾（吕祖）
米粮店	九天雷祖
颜料店	真武大帝
银号、钱铺	赵元帅
剃头	吕洞宾（吕祖）、罗祖
厨子	灶君
花匠	十二花神
变戏法	葛仙翁
乐工	南方翼宿星君、宝元帅、田元帅、老郎祖师、清音童子、鼓板郎君、三百公公、八百婆婆
太监	丘处机（丘祖）

俗神体现出民间信仰丛散性、无组织性、意义多变性的特性。俗神总是多样化地存在，永远处于变迁之中：随着时间的流逝，有的地位上升，有的影响下降，有的从地方走向全

国,有的则从大众视野中慢慢消失。在不断的变迁中,它们所承载的信仰的意义也随之变化。可以说,俗神是人民大众选择性的创造。

总而言之,"俗神"起到了支持普遍的和特殊的价值观的作用,[①]最为显著地发挥出社会一般宗教信仰的社会功能。

① [美]杨庆堃:《中国社会中的宗教——宗教的现代社会功能与其历史因素之研究》,范丽珠等译,上海人民出版社,2007年,第155—157页。

善庆恶殃：道教与佛、儒的融合及
社会一般信仰的道德信条

信仰意义上的"三教融合"，就是道教、佛教的宗教道德和以儒家思想为主导的世俗道德的融合。

古代中国是以农业为本、以小农自然经济为生产模式的社会，始终以血缘伦理原则组织社会，形成了以"尊祖敬宗""孝亲爱人""公利为上""克己奉公"等为主体的道德内容。文明以后的创生宗教更加关注善恶是非，但它们旨在以"神"的道德取代世俗的道德，因此所有的创生宗教一开始都无不否定和批判世俗伦理，创造出超越一切客观差异和人为区别的纯粹的理想道德，并以此作为获得解救、脱离苦难的条件。然而在中国社会属性的制约和文化内核的强大作用下，无论是本土的还是外来的创生宗教都不得不进行道德标准的修正，以期在与世俗文化的和谐相存中获得终极解脱。最后的结果，就是道教和佛教在普化的过程中融合了传统的世俗道德，构筑起社会一般宗教信仰的道德信条，支持和维护社会的核心价值观。

道教融合佛、儒道德并实现普化的结果，突出地表现在为普通民众而创撰的"善书"读物中。"善书"又称"劝善书"，意思就是劝人为善。历史上出现了几种具体文本类型：（一）康济录；（二）太上感应篇；（三）阴骘文；（四）功过格；

（五）救济倡导和方法指南；（六）饮食起居的是非规范。① 其中最为典型的是《太上感应篇》。

《太上感应篇》的作者和撰作时代已难确定，但至少在南宋理宗时就有刊本出现，宋理宗曾亲为之题词。《太上感应篇》文字不多，用语浅易，朗朗上口，以托于"太上"之言的"祸福无门，惟人自召；善恶之报，如影随形"两句开篇，接着强调行善积福可求成仙，然后具体列举二十余条善行和一百余条罪行，劝人"诸恶莫作，众善奉行"。以其善行为例：

> 不履邪径，不欺暗室。积德累功，慈心于物。
> 忠孝友悌，正己化人，矜孤恤寡，敬老怀幼。
> 昆虫草木，犹不可伤。宜悯人之凶，乐人之善，济人之急，救人之危。
> 见人之得，如己之得。见人之失，如己之失。
> 不彰人短，不炫己长。遏恶扬善，推多取少。
> 受辱不怨，受宠若惊。施恩不求报，与人不追悔。

毫无疑问，《太上感应篇》的善恶标准，已完全和世俗伦理道德深相一致。文本中仅仅是"三台北斗神君""三尸神"等司过之神以及"神仙可冀"的行善目的，尚还留有一点道教的意味而已。然而，这恰恰证明了道教普化、三教融合事实。实际上，《太上感应篇》的核心内容已无需再予甄别是属于儒家还是属于道、佛，因为它显然已经就是三教融合而成的社会一般宗教信仰的道德信条。

宗教道德信条与思想教谕和政治规范在内容性质上可

---

① 此据[日]酒井忠夫：《中国善书研究》上卷第 10 页，刘岳兵等译，江苏人民出版社，2010 年，略有改动。

以是一致的，但在逻辑依据和奉行目的上却有明显的不同。宗教的特点是存在着具有超自然力量的神灵，神灵之命是绝对的、先验的、至高无上的法则，既决定了善恶标准，也决定了行善作恶的不同结果。原始宗教的"积善之家必有余庆，积恶之家必有余殃"，儒家思想以神道设教的天命观念，以及道教的积德上仙、佛教的因果轮回，都是这样的神定法则。只有完全信从并彻底皈依这一法则，才能真正做到行善除恶，得到最后的解脱。因此，宗教道德信条具有超越一切人为规范的强大力量，是维护社会价值观的根本保证。

"阴骘文"和"功过格"从不同的方面体现出宗教道德信条的神力性质。"阴骘文"一般是指《文昌帝君阴骘文》，大约在明末开始流行，其特点是以种种例子证明"阴骘"——暗行功德的重要。"广行阴骘，上格苍穹""近报则在自己，远报则在儿孙"本身是早期道教"承负说"的发展，核心意义是本人此生或其子孙受到善行之报，和佛教来世受报的思想有所不同。道教的这一观念经过和佛教轮回报应思想的融合，才申发出中国式的更加广大的"因果报应"神力法则。[①]

"功过格"的文本很多，最早的是收入正统《道藏》的《太微仙君功过格》，大约产生于净明道的前身许逊教团之中。[②]"功过格"是渊源有自的"考功记过"思想的产物，它首先把善、恶进行详细分类并一一列出，然后制定出每一善、恶行为的功、过计量，以提供给立志行善避功者每天评判自己的思想和行为，同时每天记录功过之数，月末合计，年末总计。"功过格"和主要以"他律"为主的《太上感应篇》《文昌帝君阴骘文》不同，更多是呈现出"自律"的精神。不过，"功过格"的

---

① 汤一介：《早期道教史》，昆仑出版社，2006年，第357—376页。
② ［日］秋月观暎：《中国近世道教的形成——净明道的基础研究》，丁培仁译，中国社会科学出版社，2005年。

自律仍然是建立在宗教神力的基础上的。

　　道教、佛教和儒家思想融合成的社会一般信仰固然以伦理道德代替了"神"，但它终归是一种对先验存在的挚诚信奉，所以仍然是一种宗教，只是这种宗教具有鲜明的文化属性而已。

原典阅读

《太上感应篇》

太上曰：祸福无门，唯人自召。善恶之报，如影随形。是以天地有司过之神，依人犯轻重，以夺人算①。算减则贫耗，多逢忧患。人皆恶之，刑祸随之，吉庆避之，恶星灾之，算尽则死。又有三台北斗神君②，在人头上，录人罪恶，夺其纪算。又有三尸神③，在人身中，每到庚申日④，辄上诣天曹，言人罪过。月晦之日，灶神亦然。凡人有过，大则夺纪，小则夺算。其过大小，有数百事，欲求长生者，先须避之。是道则进，非道则退。不履邪径，不欺暗室。积德累功，慈心于物。忠孝友悌，正己化人，矜孤恤寡，敬老怀幼。昆虫草木，犹不可伤。宜悯人之凶，乐人之善，济人之急，救人之危。见人之得，如己之得。见人之失，如己之失。不彰人短，不炫己长。遏恶扬善，推多取少。受辱不怨，受宠若惊。施恩不求报，与人不追悔。所谓善

① 算：寿算，即"赐夺纪算"之说。此说认为，天帝授予人一定数量的"纪"与"算"，作为人的寿命。一般以十二年为一"纪"，百日为一"算"。人若有过失罪愆，大者夺纪，小者夺算，纪算尽则死。反之，若行善事，可依据功德大小增算增纪，延长寿命。

② 三台北斗神君：司命之神。"三台"本指星象中太微垣里的"三台六星"，主开德宣符，据《晋书·天文志》："西近文昌二星曰上台，为司命，主寿。"知有司命之职。"北斗"本指斗星，亦司命，《太上玄灵北斗本命长生妙经》云："北斗司生司杀，养物济人之都会也。"

③ 三尸神：道教认为，人体内有三尸，又名"三彭"，《太清中黄真经》说，上尸居脑宫，中尸居明堂，下尸居腹胃，为毒害人体的邪魔，是人欲所生的根源。神格化的"三尸神"，能在庚申日上天言人过失。

④ 庚申日：道教认为，人体内的三尸神负责监察人的罪过，并于庚申日上天将此禀告天曹，所以修道者在庚申日通宵静坐不眠，称为"守庚申"。此法后演变为民俗活动。

人，人皆敬之，天道佑之，福禄随之，众邪远之，神灵卫之，所作必成，神仙可冀。

欲求天仙者，当立一千三百善；欲求地仙者，当立三百善。苟或非义而动，背理而行；以恶为能，忍作残害；阴贼良善，暗侮君亲；慢其先生，叛其所事；诳诸无识，谤诸同学；虚诬诈伪，攻讦宗亲；刚强不仁，很戾自用；是非不当，向背乖宜；虐下取功，谄上希旨；受恩不感，念怨不休；轻蔑天民，扰乱国政；赏及非义，刑及无辜；杀人取财，倾人取位；诛降戮服，贬正排贤；陵孤逼寡，弃法受赂；以直为曲，以曲为直；入轻为重，见杀加怒；知过不改，知善不为；自罪引他，壅塞方术；讪谤贤圣，侵陵道德；射飞逐走，发蛰惊栖；填穴覆巢，伤胎破卵；愿人有失，毁人成功；危人自安，减人自益；以恶易好，以私废公；窃人之能，蔽人之善；形人之丑，讦人之私；耗人货财，离人骨肉；侵人所爱，助人为非；逞志作威，辱人求胜；败人苗稼，破人婚姻；苟富而骄，苟免无耻；认恩推过，嫁祸卖恶；沽买虚誉，包贮险心；挫人所长，护己所短；乘威迫胁，纵暴杀伤；无故剪裁，非礼烹宰；散弃五谷，劳扰众生；破人之家，取其财宝；决水放火，以害民居；紊乱规模，以败人功；损人器物，以穷人用；见他荣贵，愿他流贬；见他富有，愿他破散；见他色美，起心私之；负他货财，原他身死；干求不遂，便生咒恨；见他失便，便说他过；见他体相不具而笑之，见他才能可称而抑之；埋蛊厌人，用药杀树；恚怒师傅，抵触父兄；强取强求，好侵好夺；虏掠致富，巧诈求迁；赏罚不平，逸乐过节；苛虐其下，恐吓于他；怨天尤人，呵风骂雨；斗合争讼，妄逐朋党；用妻妾语，违父母训；得新忘故，口是心非；贪冒于财，欺罔其上；造作恶语，谗毁平人；毁人称直，骂神称正；弃顺效逆，背亲向疏；指天地以证鄙怀，引神明而鉴猥事；施与后悔，假借不还；分外营求，力上施设；淫欲过度，心毒貌

慈;秽食馁人,左道惑众;短尺狭度,轻秤小升;以伪杂真,采
取奸利;压良为贱,谩蓦愚人;贪婪无厌,咒诅求直;嗜酒悖
乱,骨肉忿争;男不忠良,女不柔顺;不和其室,不敬其夫;每
好矜夸,常行妒忌;无行于妻子,失礼于舅姑;轻嫚先灵,违逆
上命;作为无益,怀挟外心;自咒咒他,偏憎偏爱;越井越灶,
跳食跳人①;损子堕胎,多行隐僻;晦腊歌舞②,朔旦号怒;对北
涕唾及溺,对灶吟咏及哭;又以灶火烧香,秽柴作食;夜起裸
露,八节行刑;唾流星,指虹蜺;辄指三光③,久视日月;春月燎
猎,对北恶骂;无故杀龟打蛇;如是等罪,司命随其轻重,夺其
纪算。算尽则死,死有余责,乃殃及子孙。

又诸横取人财者,乃计其妻子家口以当之,渐至死丧。
若不死丧,则有水火、盗贼、遗亡器物、疾病、口舌诸事,以当
妄取之直。又枉杀人者,是易刀兵而相杀也。取非义之财
者,譬如漏脯救饥,鸩酒止渴,非不暂饱,死亦及之。夫心起于
善,善虽未为,而吉神已随之。或心起于恶,恶虽未为,而凶神
已随之。其有曾行恶事,后自改悔,诸恶莫作,众善奉行,久久
必获吉庆,所谓转祸为福也。故吉人语善、视善、行善,一日有

---

① 跳食跳人:践踏食物和人。《说文》:"跳,蹶也。"践踏之意。俞樾《缵义》云:
"古者席地而坐,食时俎豆皆置之地,寝处亦然。……故以跳人跳食为戒,殆亦古之
遗言欤?"
② 晦腊:一月最后一天为"晦",一年最后一月为"腊"。晦日灶神会上诣天曹
言人罪过,即前言"月晦之日,灶神亦然"之事。腊,本于古之腊祭,见《礼记·月令》:
"腊先祖五祀。"郑玄注:"五祀,门、户、中溜、灶、行也。"皇侃曰:"夏殷蜡在己之岁
终。"《说文》:"腊,冬至后三戌,腊祭百神。"另一说云:"腊"指"五腊日",见《云笈七
签》卷三十七引《八道秘言》:"正月一日名天腊,五月五日名地腊,七月七日名道德
腊,十月一日名民岁腊,十二月节日名侯王腊,此五腊日,并宜修斋,并祭祀先祖。"可
见晦、腊之时,当以祭祀为主,故不宜歌舞娱乐。
③ 三光:一指日、月、星,许慎《淮南子》注云:"三光,日月星也。"一指"三大
辰",据《礼记·乡饮酒义》:"立三宾以象三光。"郑玄注:"三光,三大辰也。"即大火、
伐、北极三大星辰。俞樾《缵义》云:"此文既言'三光',又言'日月',若从许义,于文
为复,宜用郑义矣。"

三善,三年天必降之福。凶人语恶、视恶、行恶,一日有三恶,三年天必降之祸。胡不勉而行之。

《文昌帝君阴骘文》

帝君曰:"吾一十七世为士大夫,身未尝虐民酷吏。救人之难,济人之急,悯人之孤,容人之过。广行阴骘,上格苍穹。人能如我存心,天必锡汝以福。"于是训于人曰:

昔于公治狱①,大兴驷马之门②;窦氏济人③,高折五枝之桂④。救蚁中状元之选⑤,埋蛇享宰相之荣⑥。欲广福田,须

---

① 于公治狱:于公,西汉于定国之父,善治狱,《汉书·于定国传》云:"其父于公为县狱吏、郡决曹,决狱平,罗文法者于公所决皆不恨。郡中为之生立祠,号曰于公祠。"

② 大兴驷马之门:驷马,指四马一乘的大车,为官位显赫、特受恩宠者所用。此处谓于公治狱多积阴德,因此子孙显达,门庭光耀。事见《汉书·于定国传》:"始,定国父于公,其闾门坏,父老方共治。于公谓曰:'少高大闾门,令容驷马高盖车。我治狱多阴德,未尝有所冤,子孙必有兴者。'至定国为丞相,永为御史大夫,封侯传世云。"

③ 窦氏济人:窦氏,即窦禹钧,宋初人,范仲淹《窦谏议录》记其事迹,云:"窦禹钧,范阳人,为左谏议大夫致仕。诸子进士登第,义风家法,为一时标表。"其"济人"事,据《录》云:"公每量岁之所入,除伏腊供给外,皆以济人之急。"

④ 高折五枝之桂:即俗言"五子登科"之事,窦禹钧的五个儿子都显贵于朝廷,历代传为佳话。冯道赠窦禹钧诗云:"燕山窦十郎,教子以义方。灵椿一株老,仙桂五枝芳。"范仲淹《窦谏议录》云:"禹钧生五子,长曰仪,次曰俨、侃、偁、僖。仪至礼部尚书,俨礼部侍郎,皆为翰林学士;侃左补阙,偁左谏议大夫,参知政事,僖起居郎。"范仲淹认为,窦禹钧家门显达,乃是"积阴功"的善报。

⑤ 救蚁中状元之选:指宋庠因救助蚂蚁而积德,殿试得中第一。见《厚德录》卷一引《邂斋闲览》。

⑥ 埋蛇享宰相之荣:指孙叔敖杀埋两头蛇之事,见《新序·杂事》:"孙叔敖为婴儿之时,出游,见两头蛇,杀而埋之。归而泣,其母问其故,叔敖对曰:'吾闻见两头之蛇者死,向者吾见之,恐去母而死也。'其母曰:'蛇今安在?'曰:'恐他人又见,杀而埋之矣。'其母曰:'吾闻有阴德者,天报之以福,汝不死也。'及长,为楚令尹,未治,而国人信其仁也。"

凭心地。行时时之方便，作种种之阴功。利物利人，修善修福。正直代天行化，慈祥为国救民。忠主孝亲，敬兄信友。或奉真朝斗，或拜佛念经。报答四恩，广行三教。济急如济涸辙之鱼，救危如救密罗之雀。矜孤恤寡，敬老怜贫。措衣食，周道路之饥寒；施棺椁，免尸骸之暴露。造漏泽之仁园，兴启蒙之义塾。家富提携亲戚，岁饥赈济邻朋。斗秤须要公平，不可轻出重入；奴仆待之宽恕，岂宜责备苛求。印造经文，创修寺院。舍药材以拯疾苦，施茶汤以解渴烦。或买物以放生，或持斋而戒杀。举步常看虫蚁，禁火莫烧山林。点夜灯以照人行，造河船以济人渡。勿登山而网禽鸟，勿临水而毒鱼虾。勿宰耕牛，勿弃字纸，勿谋人之财产，勿妒人之技能，勿淫人之妻女，勿唆人之争讼，勿坏人之名利，勿破人之婚姻，勿因私仇使人兄弟不和，勿因小利使人父子不睦，勿倚权势而辱善良，勿恃富豪而欺穷困。善人则亲近之，助德行于身心；恶人则远避之，杜灾殃于眉睫。常须隐恶扬善，不可口是心非。恒记有益之语，罔谈非礼之言。翦碍道之荆榛，除当途之瓦石。修数百年崎岖之路，造千万人往来之桥。垂训以格人非，捐资以成人美。作事须循天理，出言要顺人心。见先哲于羹墙，慎独知于衾影。诸恶莫作，众善奉行，永无恶曜加临，常有吉神拥护。近报则在自己，远报则在儿孙。百福骈臻，千祥云集，岂不从阴骘中得来者哉！

文昌帝君功过格（刘沅《易知录》）选

伦常第一

父母（祖父母继母每善加一倍，庶母伯叔父母每善同）

　　［善条］

晨昏定省,致敬尽养	一日一善
代受一劳苦	一(命代俱准)
教一善必从	一(如谨身节用之类)
一事责怒顺受	以上一善
赞成一善	一
解一怒,舒一忧	一
顺亲心,不吝财物	以上三善
一大事,劝亲改过迁善	一
守一义方训	一(如修德勤学之类)
为亲补一过,代还一逋欠	一
亲所爱敬人,加意爱敬	以上十善
亲久病,小心侍奉获瘥	二十善
见恶于亲,能积诚感动	一
显亲扬名	一
丧葬诚信	以上五十善(内尽其心,外竭其力)
亲于伦常,有违劝之和乐	一
化亲行仁成德	百善

[过条]

淫荡忘身,刚狠招祸,贻亲忧	一
阻善唆恶	一
丧葬草率	一
厚妻子,薄父母	一
纵家人妇子逆亲	一
有亲不孝,拜他人义父母	一
惑于风水,动亲柩	一(当迁者不论)
久淹亲柩	以上百过

无故倒伐祖茔树木	—
暴亲一短	—
亲病不小心医治	—（请医不审，进食不调，汤药不谨）
亲有过不谏	—
背一义方训	以上五十过
有疾不慎，致亲忧	—
听私言，以成心待亲	—（事即准）
责怒抵触	以上三十过
亲所爱敬人，故薄之	—
亲年老举动，生一厌薄心	—
亲忧负债，子私货财	—
吝一财物，违亲心	—
生一怨言	—
对亲一疾声厉色	—
亲老，令之任劳	—
亲老，远出	—
远出忘亲	—（如不通音问约期不归之类）
一事欺亲	以上十过
书言不避祖父讳	—
尝新不荐先人	—
父母忌日荤酒	—
推诿一日供膳	以上十过
贫不能养，遂不顾亲	—
不求成立，致亲忧	以上一日二过
直言谏亲，致亲不悦	—（致彰亲失者，加二倍）
忘亲疾	—

先一饮食　　　　　　　　　以上一过

行止出入不禀命　　　　　　一次一过

不以修德勤学慰亲心　　　　一日一过

兄弟（异母兄弟每善加一倍，过同）

　［善条］

　敬兄爱弟，推逸任劳　　　　—

　同一事不生异心　　　　　　以上一功

　财物不论尔我　　　　　　　—（代完官钱私债公用车
　　　　　　　　　　　　　　　　马衣服之类）

　一大事劝善止恶　　　　　　—

　容忍一过，不听妇仆谗言　　以上十善

　独任一大事　　　　　　　　—（门户差役、嫁娶丧葬
　　　　　　　　　　　　　　　　之类）

　分产让多取少　　　　　　　以上五十善

　患难相扶　　　　　　　　　—

　兄弟破产者复与同居共爨　　以上百善

　［过条］

　斗讼　　　　　　　　　　　—

　欺凌一幼弟　　　　　　　　—（任其游荡、不使之成立
　　　　　　　　　　　　　　　　者同论）

　阻善赞恶　　　　　　　　　以上百过

　听一谗启衅　　　　　　　　—（听妻妾仆婢谗倍论）

　争竞　　　　　　　　　　　以上三十过

　求借一财物不应　　　　　　十过

　抵触兄长　　　　　　　　　一次五过（言语不让，责怒
　　　　　　　　　　　　　　　　不受）

227

贫常忌富，富不顾贫	一念二过
不和睦	一日一过
同事，生一异心	一过
私占财物	百钱二过
见一过不劝	（照自作例准）
藏一怒，宿一怨	一念一过

妻妾（略）

子侄

[善条]

垂一义方训	—
择得一明师良友	—
一大事教道见从	（有关名教之事，教之以道，必见其从，方是真教，方为善教）
禁刻薄取利夤缘功名	—
导之敬祖睦族	以上三十善
化之仁成德	百善

[过条]

不以义方立教，致成败类	—
酷虐一他人子	以上百过
误一他人子	五十过（不能因才成就，五十过）
教子弟占便宜	—
弃一不才	—（谓因其愚鲁狂悖而姑听之也）

教打骂人	—
纵一恶习	以上三十过
偏爱憎一人	—
开一不善事端	以上十过
恣意打骂,不从容训戒	二过
教诲一事不尽心	一过
护一短	(照自作例准)

宗亲

[善条]

敬尊长睦同辈,贵贱平等	一日一善
贫乏求借不吝	二百钱一善
周给贫乏	百钱一善
修一族谱	十善
结亲择一贤良,不计势利	—
代办一婚嫁丧葬	以上三十善
教一孤儿使之成立	—
建一祠,岁时团聚宗族	—
立义田义屋,养活一人	以上五十善
收养一老幼残疾	—
本族绝支,立一嗣不利其产	—
娶一残疾女	以上百功(谓原聘者)

[过条]

本族绝支,利其产,不为立嗣	—
嫌贫弱,改嫁毁婚	—
一急难,可救不救	以上百过
薄本族,妄认一同宗	五十过

以财势，傲一贫贱宗亲	—
婚嫁惟计势利	以上三十过
贫病无依者，能顾不顾	二十过
贫乏求借不应	—
抵触一尊长	以上十过
乖一尊卑次序	一过

师友

[善条]

敬师尊教训	—
尊一前辈，亲一贤友	一日一善
通有无	二百钱一善
淫朋招饮游戏，不从	—
吊慰敬诚	—（如变服、致哀、谨礼、择言之类）
践一约	以上一善
以德行文章相劝勉	一次一善
朋友有过忠告善道	—
不忘一父执	—（如馈遗、候问之类）
不忘一严师	以上十善
不忘死友，不忘贫贱交	—
不负一托妻寄子	以上五十善
嫁娶一故人子女	—
救一急难	以上百善

[过条]

一急难，可救不救	百过
负一妻子托	—
背一明师	—（如生无馈送、死绝通问

	之类)
假义气陷人	—
负一死友、一贫贱交	以上五十过
交朋不择贤良,但慕势利	—
轻弃一贤友	—
轻弃一贤父执	以上二十过
讪谤师长	—
戏侮老成	以上十过
随一淫朋游戏	三过
慢师	—(如问答不恭、礼节失时之类)
厌一贫贱友	—(如辞色傲慢、举动轻亵之类)
疏慢一畏友	—
谑一友妻子	—
有无不相通	以上二过
同业不敬所事	一日一过
知过不告	(照自作例准)
爽一约	—
失一吊慰	以上一过
违师友教训	(照事例准)
规过无术,致友疏	一次一过

仆婢(略)

敬慎第二

存心

[善条]

231

恶念起即扫除	一
常求放心	一
诵经书,不起杂念,心解力行	以上一善
一日谨懔幽独	一
时时存诚,一切妄想不生	以上十善
寡思息梦,心常惺惺	一月百善

[过条]

一日常存机心恶念	二十过
一日心常昏惰	一
闻人失利名,生欢喜心	一
暗举恶意害人	以上五过
诵经书起一邪念	一
闻人善,不生信心	以上二过
展转一淫念	一
蓄一妒念、嗔念及诸妄念	一
诵经书杂念不除	以上满一时者一过

应事

[功条]

一日守分循理,临事敬慎	一善
作事刻期,不迁延时日	一
处一事,唯知为众	以上二善
闻一过即改	一
见一善,即诚敬遵行	以上三善(本善外另加)
不附人财势	一
处一事公直	以上五善
不苟且求一名位	一

让一善,任一过　　　　　　　　以上十善

当大事,能损己益人　　　　　　百善

[过格]

假行窃名惑远近　　　　　　　　—

当大事,损人益己　　　　　　　以上百过

受恩,得报不报　　　　　　　　五十过

假公行私　　　　　　　　　　　—

存成心待人　　　　　　　　　　—(如人已改过,我犹逆

　　　　　　　　　　　　　　　　　亿也)

炎凉　　　　　　　　　　　　　—

苟且一名位　　　　　　　　　　—

处一事不公直　　　　　　　　　—

任功诿过　　　　　　　　　　　—

竭尽一人情谊　　　　　　　　　以上十过

知过故犯　　　　　　　　　　　—(本过外另加)

窥一人私书　　　　　　　　　　—

酣饮嬉笑于有丧之家　　　　　　—

私事干求官长　　　　　　　　　以上三过

见一善不行　　　　　　　　　　—

为一善不终　　　　　　　　　　—

处众惟知为己　　　　　　　　　—

临人正经事不敬　　　　　　　　以上二过

作事不如期　　　　　　　　　　一日一过

慎言

　[善条]

　发一至德言　　　　　　　　　—

出一方便语	—
说果报劝人	—
扬人一善	以上一善
与人言，不欺一字	一日三善
闻说道理，启闻不倦	—
为人详辨一古今疑迹讹字	以上三善
辨雪一人大冤	五十善
白一人诬迹	十善
阐发一部济众经书	百善

[过条]

诬坏一人清德	—
造谤诬陷一人	以上百过
摘发一人阴私	—
诽谤圣贤	—
发一闺壶	以上五十过
两舌离间人	三十过
传述一人伤风败化事	—
变一是非	—
舍圣贤经传，谭异端言	以上二十过
出意损德之言	—
评一女色	—
恶口犯一贫贱交	以上十过
造一人诨名歌谣	—（有关人行止者）
播一人恶	以上五过
出一不利人语	—
冷语刺人	—
背后诋毁人	—

讥时政	—
嘲笑人体相不具	—
戏谑伤人	以上三过
伪谀一人	—
轻诺于人	—
扬人一短	—
捏一诳语	—（妄传谣言同）
谈一淫赌趣	—
竟日多浮浪语	以上一过

事神圣

[善条]

事神明祖先斋戒至诚	—
祈禳止许善愿	以上一善
修理损坏寺观装饰、剥落神像	百钱一善

[过条]

亵渎祖先神灵	百过
侵占一庵观屋宇	五十过
戏谑神圣	三十过
指神明,证一鄙猥事	十过
祀礼失时	—
呵风雨,亵三光	—
携荤酒入圣殿	—
纵妇入庙	—
对北恶骂及洟溺	—
污秽井灶	—
祈祷不诚	—

祀时不敬	—
夜起裸露	—
朔旦号怒及行邪	—
毁坏供器	百钱二过
不信神明果报	一念一过

节忍第三

气性（略）

衣食

　[善条]

一日安粗粝,不虚度衣食	—
拾遗粒	以上一善
禁屠时持素	一日二善
一月安淡惜福	十善

　[过格]

厌弃恶衣食	—
纵酒及乱	以上十过（如丧德失仪之类）
无故剪裁	—
禁屠私买生物	—
服一非法服	以上五过
生日宴乐无度	—
强索人酒食	—
无故白昼谋饮	—
狼藉五谷	以上一过（不特本身撤弃,凡婢仆倾泼,小儿践踏,及在田抛弃不收,在场扫除

不净，俱家长记过）

货财

　[功格]

　分财公平　　　　　　　　　—

　借贷能如期还　　　　　　　—

　与人财，不迟时日　　　　　—

　不吝器物，借人济急　　　　—

　不负人寄托　　　　　　　　—

　不取非义财　　　　　　　　—

　还遗　　　　　　　　　　　—

　代还官钱私欠　　　　　　　—

　饶免贫户租欠　　　　　　　—

　荒年平粜　　　　　　　　　—

　假银入手弃不使行　　　　　—

　让利让产　　　　　　以上百钱一善

　放债出，当济人急，不计利　二百钱一善

　不逼取贫债　　　　　　　十善

　让债还遗全人身家　　　　百善

　[过格]

　造低银假银　　　　　　　　—

　荡废祖父产业　　　　　　　—

　重利逼取贫债　　　　　以上百过

　交易田宅不清割　　　　五十过

　图买一产　　　　　　　二十过

　刻薄利己　　　　　　　　　—

　诱人赌博　　　　　　　以上十过

设阱诈骗	—
以势及倚势白占	—
乘难觑取	以上百钱二十过
荒年囤米过待高价	—（仅足自赡不论）
强索、巧取	—（二事）
负人寄托	—
负贷	以上百钱十过
贱价强买人货物	—（亏及百钱）
匿遗	—
用低银	以上百钱五过（假银倍论）
斗秤出入不平	五过
受不义财	—
侈用人财物	—
损人一器物	—
无益糜费	—
暴弃天物	以上百钱一过
当与，故迟一日	—
不问，取人一针一草	以上一过

美色（略）

仁爱第四

人类

[善条]

收养无依一人	—
济一人饥	—
济冻人暖室一宵	—
施一暗夜路灯	—

借人一雨具	—
施药一服	—
指人迷途	—
救接一人力乏	—
不沉滞一人书信	以上一善
赈贫苦	—
赎男女还人	—
施姜茶	—
修路造桥,疏河掘井	—（凉亭渡船同）
助人嫁娶	—
置义冢	—
施袄被	以上百钱一善
凶年施粥	—
疫疠施药	—
岁终为人赎罪	以上百钱一善
途遇病人,设法调养	一次一善
留无归人一宿	二善
尽心谋人一事	—
疗人一轻疾	以上三善
掩一暴露棺,埋一白骨	—
传一人经验秘方	以上五善
传一人保益身命事	—
病难人求借不吝	—
一小事,为众出力	以上十善
救堕一胎	—
救一轻刑	以上五十善（无辜者）
救一人重疾	—
施棺木一具	—

施地葬一人　　　　　　　　　—

见人侵凌孤寡，竭力保护　　　—

除一人害　　　　　　　　　　—

伸一人冤屈　　　　　　　　　—

救一人危难流离　　　　　　　—

救一溺婴　　　　　　　　　　—

完聚一人骨肉　　　　　　　　—

救一贱为良　　　　　　　　　—

救一人军徒重罪　　　　　　　—

葬一无主柩　　　　　　　　　—

救人一命　　　　　　　　　　—

延续一嗣　　　　　　　　　　—

收养一无主弃孩　　　　　　　—

曲全一妇女节　　　　　　　　—

完聚一家骨肉　　　　　　　　—

地方大事出言造福、出力任劳—

兴建一大利　　　　　　　以上百善

[过格]

致死一人　　　　　　　　三百过

设阱陷害一人　　　　　　—（造谋不成者减半论）

谋成一人军刑　　　　　　—（本非其罪）

溺杀一婴　　　　　　　　以上百过

绝一人嗣　　　　　　　　三百过

致一良为贱　　　　　　　—

坏一人阴地　　　　　　　—

发一人尸　　　　　　　　以上一百过

医家计利，误人一命　　　—

合一毒药	—
见一人死,可救不救	—
侵凌一孤寡	—(宗亲倍论)
乘危下石排挤人	—
以私怨倾一人家业	—
致一人流离	—
破一人婚姻	—
嫁祸一人	—
平一人冢	以上百过
掘地遇人骸骨,抛弃不顾	—
学一厌咒邪法	以上五十过
践踏人禾稼	—
损坏一义井桥渡	—
技术不精,蛊惑害人	—(风水家加倍)
见人欺凌孤寡,可护不护	—
见人冤,得白不白	以上三十过
疑病妄药	—
传人一假方	—(妄传者减半)
遇一难,可救不救	以上二十过
秘一经验方	—
医家治病不用心	—(迟慢不急救同)
侮弄一老幼残疾人	—
侵一贫弱	—
幸灾乐祸	—
阻截一日通衢桥渡	以上十过
城市中驰马	五过
责一不应责人	—
谋成一人轻刑	三十过(徒杖以下)

欺一无识	一
强役一人力	一
故辱一乞丐	一
沉滞一书信	一
为人谋一事不忠	一
恐吓人	以上三过
施济后悔	一
穷乏哀告不应	一
故犯一人忌讳	以上三过

物类

[善条]

救一无力报人畜命	一（如山禽、野兽、鱼蛇等类）
救一细微百命	一（如虾螺虫蚁等物）
葬一自死禽兽	一（有力报人者加一倍）
救畜力疲	以上一善
买放生命	百钱一善
见杀、闻杀、为己杀，不食	二善
戒食牛犬	一月五善（前此原食者）
节杀生一年	二十善
救一有力报人畜命	三十善（骡马牛羊犬等物）
戒杀生一年	五十善
倡放生	百善

[过条]

倡杀、阻人放生	百过
私烹牛犬	一
杀一有力报人畜	一（赞助同）

偷杀畜物	以上五十过
非法烹炮生物，使受极苦	—
填覆一巢穴	以上十过
无故杀一无力报人畜	—
无故发蛰惊栖	以上三过
杀细微十命	—（入药者减半）
不怜畜疲顿	以上二过
畜一杀众生具	—
笼戏禽畜	以上一日一过

劝化第五

善类

［善条］

劝人为一切善	—（较自为者减半论）
赞助人一切善	—（较劝人者减半论）
劝人出财作福	二百钱一善（福如济人利物等类）
施一善书	一善
成一人美事	百钱一善
成一人家业	—
感化人一家好善	—
荐引一有德人	—
建义学教诲一人	—
表扬一人隐德	以上三十善
得一人交修共化	百善（一年无间）
倡一善利济一方	百善

［过条］

排摈一有德人　　　　　　　一
阻人施济　　　　　　　　　以上百过
毁坏一人戒行　　　　　　　一（如戒淫、戒毒之类）
毁人成功　　　　　　　　　以上五十过
止人一善　　　　　　　　　一
见一善，能举不举　　　　　以上二十过
为私，不赞成人善　　　　　一
菲薄人，不屑教　　　　　　以上五过
没一人长　　　　　　　　　三过

恶类

[善条]

劝人改一过　　　　　　　　一（照过记善）
劝止播人一恶　　　　　　　一
抨人一恶　　　　　　　　　一
解人一忧　　　　　　　　　一
息人一斗　　　　　　　　　以上三善
解释一人怨恨　　　　　　　五善
止人侵毁一贤善　　　　　　一
息一人讼　　　　　　　　　一（关风化者倍论）
止人扬一隐恶、谈一闺壶　　以上十善
阻人一非为　　　　　　　　一
解免阴谋下石　　　　　　　以上三十善
劝人勿溺一子女　　　　　　一
劝一为非者改行　　　　　　一
调停一人内外骨肉　　　　　一
劝人改一恶业　　　　　　　以上五十善（屠猎、闯场、
　　　　　　　　　　　　　诬状之类）

化转一人至仁孝	百善

[过条]

教人作一切恶	一（较自作加一倍）
赞助人一切恶	一（照自作例准）
见人非为，可劝不劝	一（较自作减半）
唆寡妇适人，因之取利	百过
送子弟为僧道	一
引诱一荡子	一
离间一人骨肉	一
以幼男寄拜一僧道	一
女无礼于夫父母，复护其非	一
唆一人讼	一
荐引一匪人	一（庸医、地师倍论）
传人一恶术邪法	以上五十过
赞助一人讼	三十过
亲一恶人	一
唆一人斗	以上二十过（致死及间系伦理者百过）
增一人忧恐	一
附和一人怨忿	一
见人讼，可劝不劝	以上五过
当众斥一人过失	三过
见人失误，不与明言	一
见人忧，闻人诉怨，不解劝	以上一过

文学第六

著述

[善条]

作字端楷	一日一善
拾遗字一千	一（残器之上有字，人多忽略）
秽中拾一字纸，洗浴焚化	以上二善
烧毁一卷邪书淫书	十善
编辑一卷济世善书	一
正一文体	以上三十善
作文传一善行，扬一隐德	五十善
著撰一卷济世善书	一
阐明一卷经书，刊刻行世	以上百善

[过条]

无识毁议经书	五十过
编辑一淫书邪书	百过
代写一离书	一
翻刻一淫书邪书	以上五十过
毁坏一卷宗经书	二十过
污秽经书	一
戏谑经书	以上十过